THE SUBLIME SONG
OF A MAYBE

HET SUBLIEME LIED VAN EEN MISSCHIEN

Arjen Duinker

The Sublime Song of a Maybe

HET SUBLIEME LIED VAN EEN MISSCHIE

ℒ

Translated by Willem Groenewegen
Introduced by Jeffrey Wainwright

Arc
PUBLICATIONS
2002

Published by Arc Publications
Nanholme Mill, Shaw Wood Road
Todmorden, Lancs OL14 6DA

Design by Tony Ward
Printed by Lightning Source

978 1 900072 77 9 (paperback)
978 1 908376 56 5 (ebook)

*Scan to read the ebook
on your e-reader*

Poems in this book are taken from the following
collections first published by J.M Meulenhoff bv,
Amsterdam: *Rode oever* (*Red Shore*) 1988; *Losse
gedichten* (*Loose Poems*) 1990; *De gevelreiniger
en anderen* (*The Gable-cleaner and Others*)1994;
Het uur van de droom (*The Dreaming Hour*)
1996; *Ook al is het niet zo* (*Even if it isn't so*)
1998; and *De geschiedenis van een opsomming*
(*The History of an Enumeration*) 2000.

The Publishers acknowledge financial assistance
from The Arts Council of England

**Arc Publications: Visible Poets Series, No. 8
Series Editor: Jean Boase-Beier**

CONTENTS

SERIES EDITOR'S NOTE

There is a prevailing view of translated poetry, especially in England, which maintains that it should read as though it had originally been written in English. The books in the 'Visible Poets' series aim to challenge that view. They assume that the reader of poetry is by definition someone who wants to experience the strange, the unusual, the new, the foreign, someone who delights in the stretching and distortion of language which makes any poetry, translated or not, alive and distinctive. The translators of the poets in this series aim not to hide but to reveal the original, to make it visible and, in so doing, to render visible the translator's task, too. The reader is invited not only to experience the unique fusion of the creative talents of poet and translator embodied in the English poems in these collections, but also to speculate on the processes of their creation and so to gain a deeper understanding and enjoyment of both original and translated poems.

Jean Boase-Beier

'ALL WORDS ARE NAKED': ON TRANSLATING ARJEN DUINKER

Duinker belongs, however reluctantly, to a generation of poets who, towards the end of the 1980s, wanted to breathe new life and humour into the poetic line. Many of them chose the tone and content of the surprise of immediate experience unmitigated by profound ponderings or reflection. None of the poets concerned has been as consistent in this approach through the years as Arjen Duinker. His sense of immediacy may be concrete, abstract; it may be of, or out of, this world:

> The wind has a blue tail
> Water has a blue tail
> And fire has a blue tail
>
> (from: 'The wind has a blue tail')

> There goes the gable-cleaner
> Alone on his bike,
> Not understood with his notions.
>
> (from: 'The gable-cleaner')

In this immediacy, most received notions of what is poetic fall by the wayside. Duinker's poetry builds strong images. Yet these images nearly always remain immediate, without resorting to heightened poetic effect. It is with this immediacy, urgency if you will, in mind, that I translated this work. It offered me a chance to approach translation from a new angle.

> Close to the station,
> In a portico, Noel the journalist waited,
> Who has a great memory for commonplaces.
> He gave a stern look and said 'The rain saddens me.
> Please, think up something cheerful!'
>
> (from: 'Yeast Factory')

Translating the work of poet Arjen Duinker was for me an act of letting go. Letting go of the constant question of meaning, letting go of the translator's tendency towards a rejection of unmitigated translation into the target language and thus letting go of literalism.

Time and again Duinker is asked by literary critics and inter-viewers what his poetry means and invariably the poet then replies that that question is to him irrelevant. As a translator, I too was looking for meaning to convey. Yet, as I found out while reading

Duinker's poetry, his work does not allow analysis along the lines of traditional views of poetic form and meaning.

For there are few traits according to which one might classify Duinker's work as poetry. This has been pointed out by critics as well as fellow poets. He seems to have little truck with poetic form. The only form that these poems perhaps have is one that is self-contained. Although the poems often have a narrative, there is hardly any rhyme or poetic diction, one cannot deduce a clear form of metre. So, if this poetry looks and sounds fairly prosaic and seems to share few common features with what is deemed to be 'poetic', then what is it that makes this work poetry?

> Ninye bún,
> Ninye bún is a phrase
> In one of hundreds of Papua languages.
> Ninye bún, I could turn the pages for days,
> Days of climbing and descending and creeping
> In that one valley, the book by the name of Ninye bún,
> > (from: 'Poetry through a world through a poetry')

One reason is apparent: that, generally speaking, this work addresses language itself. He is not a L=A=N=G=U=A=G=E poet, although there are most certainly turns of phrase the poet would and would not use. What I mean to say is: most of Duinker's poetry re-imagines, re-invents, what the relations are between the signifier and the signified, what a word is and what it stands for. One way in which he 'upsets' this relation, is achieved by using the technique of the list – the title of his latest volume bears this out, *The History of An Enumeration*.

> 'What's your name?'
> 'William Carlos Williams, or maybe also
> Attila József, or Frédéric Pacéré Titinga, or Alberto Caeiro,'
> Mr Crooked spoke clearly,
> 'I'm not really sure.
> Kenneth Rexroth, Leung Ping-kwan,
> Rafael Alberti, Homero Aridjis,
> César Vallejo, Mzee Haji, Attilio Bertolucci, Vasko Popa,
> Jean-Joseph Rabéarivelo, I don't rightly know.'
> > (from: 'A referee's report – introduction')

Here and in former volumes, Duinker lists words, names, and so on that at first seem oddly joined, ill at ease in each other's company.

10

Only when one is willing to let go of the meaning that words convey in the contexts we see them in, can one begin to understand why this is poetic language at play, that these lists can be seen as metaphoric:

So the world appeared,
That concrete wilderness.
Apartment, stab of pain, dog,
Atmosphere, rock, urge, generation,
Dragonfly, desert, milk, theory,
Blended and unfounded orange.

(from: 'Put to the test')

How do concrete items of evidence like apartment and dog relate to abstractions like atmosphere and theory? By drawing up an inventory of words that bear no immediate relation to each other, Duinker builds new relations. By being apposite these lists become metaphors, in the above case for 'the world'. The name-game in 'A referee's report – introduction' is even more abstract: they are anybody and everybody all at once, metaphors for 'name'.

If one is not allowed to look for the meaning of a poem, one assumes that the poem is meaningless, as perhaps in Dadaism. Yet I would wish to argue that the meaning of Duinker's poetry lies between the words at play, confronted by and working with each other. Also, the consecutive words in the enumerations are not arbitrary. On quite a few occasions I tried to substitute one word for another, mostly for poetic reasons, only to be found out by the poet and subsequently told to stick to the original. In Duinker's work "all words are naked" ('x', *Loose Poems*), what you read is what you get, and so in translation they must remain themselves.

What use is there, therefore, in adopting a viewpoint shared by many translators: the strategy of changing the original poem while translating for the better understanding of this work by readers in the target language, in this case English? What better way to ensure that the words spoken in the original poem can play as freely – are as naked – in translation as in the original, as through a (near) literal translation? For most publishers this is taboo, for they argue that as the work was a poem in the original language, so the translator must change the poem into the target language in such a way that the translation is also considered a poem in the target language. This is perfectly reasonable when one is dealing with a poetry that is deemed 'poetic' in form and metre by a vast majority of its readers. Yet when a poetry lacks this support, then why change, why adapt this poetry to the poetic palate of the target

11

reader? I could refer you back to Jean Boase-Beier's preface to the series concerning the 'visibility' of certain poetry; it is precisely for reasons of visibility that I have adopted an almost literal translation. I have made changes so that the translation reads as naturally as the Dutch original, where the Dutch intends natural word-order. Where it doesn't, I have retained the peculiarity of the Dutch structure:

Whose turn is it
To accumulate the embarrassments,
To contribute the vengefulness,
To gratify the surplus with a vector?

(from: 'Lullaby')

Number 1 has the cheeks
That make the days bearable
With their distrust, and number 2
Puts a piebald and peculiar kidney in
For the distribution of wealth,

(from: 'A number of people')

A poem I deliberately did not translate was 'De steen bloeit' ('The flowering stone') from Duinker's collection *Het uur van de droom* ['The dreaming hour'], which has been translated into some two hundred and twenty languages already, in a worldwide project organised by a Dutch literary foundation. Unfortunately, the internet site where these translations were posted from 1998 now seems to be down. This is a shame, because not only did it list translations in standard English, but also in some British dialects and many foreign – some quite obscure – tongues. Let us hope it will reappear from the depths of the world wide web one day.

All in all, translating Arjen Duinker was a fascinating experience and I owe my gratitude to the poet for his ceaseless energy and correspondence, to Erik Menkveld for introducing me to the poet, the editor Jean Boase-Beier for her encouraging and inspiring comments and to all at Arc for their hard work and enthusiasm in producing this book. Lastly, I wish to dedicate my translations in this book to the memory of James Brockway, my coach and mentor in the art of poetic translation.

Willem Groenewegen

12

INTRODUCTION

In acclimatising to the poetry of Arjen Duinker I have found myself recurrently put in mind of the landscapes of his compatriot Johan Van Goyen. Of course this may be no more than a reflex by which I'm navigating an initial unfamiliarity by reference to the nearest known point whether or not it might be the proper direction. But beginning with these lines I think I can begin to explain what I mean.

And slap-bang the world flowed like water,
Flowed orange without motive,
Flowed orange, flowed.

There was only the flowing of the world,
A minute or two, that tied the midday to it,
And the girl that watched a starling go.

(from: 'Put to the test')

Characteristically Van Goyen's paintings are landscapes where the huge sky streams above a strip of flat land or river-scape itself barely distinguishable from the sky. Perhaps on closer scrutiny a tiny red dot might prove to be the jerkin of a solitary labourer leaning against the wind as he manhandles a cask over the gunwale of a boat. Most likely it is raining or the vast cloud formations roll with the rain inside them. The sense is of the mobility of the sky and how it nearly subsumes the land below. In his *Loose Poems* (1990) especially, the wind is a frequent presence in Duinker's work as are the droplets of rain and the movement of rivers, and in Van Goyen we might see above all 'the flowing of the world'.

There is though no anxiety or discomfiture evident in Duinker's apprehension of this indeterminacy. 'The river that runs past my house is cheerful' (*Loose Poems* xxi) and 'Never did anything make me happier' (xv) than the wind. Such movement and alteration seems to be endlessly fascinating. The commonplace is often freshly seen and, as often for William Carlos Williams, provides a simple source of wonder and exaltation in which a blowing piece of paper can provoke "varying kinds of awe" ('Piece of paper'). But this sense of liminal definition has further implications for Duinker. "I live and see things. / That seeing is raw feeling" (ii) but it is also an occasion to glimpse and ponder what is at and beyond the borders of seeing and feeling. The wind that is so impressive is first of all spoken of as a symbol: "Never did I see a symbol that impressed me as much / As the wind", though the process of the poem is towards resisting the temptation to see the wind as part of some larger whole or scheme, eventually refusing to 'see her this way or that … so unlike the way she is' but as 'only and completely the wind.' Nonetheless, though the notion that empirically seen objects can be seen as something other than they are is rejected here, the idea is in play, not least in the gendering of the wind. Thus in 'Glittering passage', which begins

> Glittering on the other side of fantasy,
> Disguised as a wooden anchor,
> Yesterday drifted through the canal

Duinker explores reverie and memory along 'the unreal canal'. Here the mind drifts either side of a mobile curtain between realities. The poem closes: "O formidable obscurity! Grumbling / And cursing we retreated once more into nature". 'Yeast factory' begins very naturalistically, outside a station and in the street, but "suddenly a dream began" and a whole stream of images begins to unfold: "What is there and what isn't there, is there and is not there… a parallel for those who like parallels, / Proof for those who believe in meanings…"

'Formidable obscurity' though is a provocation to clarity and understanding:

> On the one hand is the thing.
> On the other is the mystery.
> More of the thing and the mystery I don't know.

> How in whatever name,
> How can I know more about it?
> And this knowing is a slight knowing, I must add,
> A slight idea at most

(from: Loose Poems XXIV)

This getting to "know more about it" is also a marked preoccupation. To know no more than this is, as the poem concludes, "an unfailing source of pleasure", but the poet is also imaginably the solitary protagonist of 'The gable-cleaner', "used to construing / The inner relation between the inside wall / And the outer one". Details, contingencies and coincidences, especially verbal ones, draw the poet, but so especially does the 'inner relation'. It draws him to such organising procedures as lists, enumerations and anaphoric structures where series of lines or whole poems use the same opening word or phrase. Delight in these patterns is evident from the first poem in the present selection with its criss-crossing 'tail' 'water' and 'fire' with a series of colours, in many of the *Loose Poems* from the first with its 'If you / I'll' formation to the recurrent 'Where are / Where is' patterning of the last. Amongst the later work 'A number of people' works with a numbered list and 'Recipe for making a scent for Nuno Júdice' is formed of a template with limited variations. 'Samba' works with four-part series: the sending of letters to the compass-points, seasons, card suits and finally the years of Brazil's four World Cup victories. In that poem Duinker ponders studying set theory and the poem belongs in the most recent collection represented here, *The history of an enumeration* (2000). These preoccupations and procedures are part of what might be called a 'counter-poetic' impulse which eschews the lyrical and imports the world of number into verse. This is announced at the outset of 'At *La camera da letto*':

I'd had enough
Of poetry as compromise
Dark myth or shopping trip.

I took a cab
To the hydrodynamic laboratory
And looked at the test arrangement.

But I think that the more substantial importance of these gestures has to do with his persisting fascination with flux and "formidable obscurity". 'Old and new' begins:

There are people who say
It all revolves around the economy.
So also flea, plague of fleas, moon.

The poem is a satire upon the desire for system and understood consequence. The voice "with my coincidental logic", confesses itself bemused by the quest and intends "To shelve the desire / For understanding." Yet the discovery – or imposition – of patterns in the poems and the invention of sets all implies a quest for number against flux. It may be, however, that we should read this graphing ironically, and see that Duinker means to demonstrate the pretension and ultimate inadequacy of enumeration. This would be of a piece with his ostensible effort to avoid the symbol and afford each object in the world its own detailed existence independent of how it might be perceived as part of a larger whole. This would bring us back to fluidity, to the rainstorm that is beyond enumeration in the second of the *Loose Poems*: "Has anyone ever not called a shower a shower / Because it had four droplets less?" The visit to the hydrographers in 'At *La camera da letto*' proves instructive as the engineer explains his modelling but then that:

The great thing is that everything
Can be made to scale, except water.
Water is something you can't scale down.

Water thus becomes an emblem for all that cannot be commanded by the manipulations of number. At the end of the poem there seems to be a note of regret that poetry has not been drawn from the "test arrangement" but is still in "the swamps and mountains" and "the fluid movement influenced / By gravity." That Willem Groenewegen has been able to find 'influenced' here and so embed the etymology in his translation is especially felicitous.

Perhaps Duinker is returning here to 'poetical nature', even the reaches of 'dark myth'. But if so the 'test arrangement' constituted by his poems are certainly destructive of any blurry poeticism. As he moves between 'the thing' and 'the mystery' his apprehensions are always in the company of ideas, and of a strong reflexiveness pointed at the actions of his eye and mind. The sportive and riddling element is always to the fore and they can be called intellectual poems in the full and proper sense of the word.

'Zibes and me', a poem from the 1998 collection indicatively entitled *Even if it isn't so*, begins:

Took off my glasses when I was four
Result: a squinting eye
That has brought constant happiness.

I take it that this skewed vision whose focus shifts back and forth but is never settled for long on the focal length of conventional realism, is at the centre of Duinker's art. The fascination with the mechanisms of precision however speaks of a hankering after objectivity and conclusive understanding. The world in which this concern is pursued is remarkably various, stretching from a raindrop to world geography to international cricket. The voice is serious, persistent but also always quizzical and often playful. Duinker may describe the 'knowing' produced in these poems as "a slight knowing... A slight idea at most", but the totality of the experience they present to us is far from slight. These are poems that show 'the desire for understanding' in action, obsessed and delighted by the variety and motion that surrounds us and by the capacity of poetry to render it.

Jeffrey Wainwright

from
RED SHORE (1988)
RODE OEVER

De wind heeft een blauwe staart
Water heeft een blauwe staart
En vuur heeft een blauwe staart

De wind heeft ook een witte staart
Water een groene
Vuur heeft natuurlijk naast een blauwe
Ook een rode en een gele

Dan heeft de wind een zwarte staart
De staart van water is wit
En als je goed kijkt zie je
Dat vuur ook een zwarte staart heeft

Tenslotte heeft de wind een gele staart
Water heeft misschien nog een rode staart
Maar vuur heeft verder geen staarten

The wind has a blue tail
Water has a blue tail
And fire has a blue tail

The wind also has a white tail
Water a green one
Fire of course besides a blue
Also has a red and a yellow

Then the wind has a black tail
The tail of water is white
And if you look up close you'll see
That fire has a black tail as well

Finally the wind has a yellow tail
Water perhaps has a red tail too
But fire has no more tails

from
LOOSE POEMS (1990)
LOSSE GEDICHTEN

I

Als jij me abstracties geeft,
Geef ik jou een waaier van hout.
Als jij me abstracties geeft,
Neem ik een takje tijm.

Als jij geheimen verklapt,
Rijd ik op een zwarte wagen.
Als jij geheimen verklapt,
Voel ik weemoed.

Ay plaza de la Corredera!

Als jij de vogels doodt,
Verberg ik me achter jouw zuilen.
Als jij de vogels doodt,
Eet ik olijven.

Als jij je borsten laat zien,
Ren ik naar jouw mond.
Als jij je borsten laat zien,
Ademt mijn ziel en klopt mijn hart.

O la Corredera, dans!

I

If you give me abstractions,
I'll give you a fan made of wood.
If you give me abstractions,
I'll take a sprig of thyme.

If you give away secrets,
I'll ride on a black wagon.
If you give away secrets,
I'll feel wistfulness.

Ay plaza de la Corredera!

If you kill the birds,
I'll hide behind your columns.
If you kill the birds,
I'll eat olives.

If you show your breasts,
I'll run to your mouth.
If you show your breasts,
My soul will breathe and my heart beat.

O la Corredera, dance!

II

Laat mij de regen met de goede hoeveelheid druppels!
Laat mij bijna alles en bespaar me details!
Laat mij goed eten en goed drinken.
Op zijn hoogst leef ik één keer.

Bijna alles is goed.
Er ligt een vreemde rook op de rivier,
Die de schepen bedekt
En de rest.

Ik zie de dingen.
Sommige gelijkend en in het bezit van een naam,
Andere naamloos en onzichtbaar.
Zo kijk ik
Omdat de dingen niet liegen.
Dus laat mij de regen met een willekeurige hoeveelheid druppels.

Laat mij de bergen en een zwart paard.
Laat mij ook de straat met de vochtige huizen,
De grond van wonderlijk mozaïek
En de zee.
Voor ik in details treed, laat mij bijna alles!

Ik leef en zie de dingen.
Dat zien is ruw voelen.
Heeft iemand ooit een regenbui geen regenbui genoemd
Omdat zij vier druppels minder had?
Vier druppels!
Laat mij bijna alles en laat mij vier druppels regen!

II

Let me have the rain with the right amount of droplets!
Let me have almost all of it and spare me details!
Let me eat well and drink well.
At the most I shall live once.

Almost all of it is fine.
There is strange smoke lying on the river,
That covers the ships
And the rest.

I see the things.
Some similar and bearing a name,
Others nameless and invisible.
I look this way
Because the things do not lie.
So let me have the rain with a random amount of droplets.

Let me have the mountains and a black horse.
Let me also have the street with the damp houses,
The ground of peculiar mosaic
And the sea.
Before I go into detail, let me have almost all of it!

I live and see the things.
That seeing is raw feeling.
Has anyone ever not called a shower a shower
Because it had four droplets less?
Four droplets!
Let me have almost all of it and let me have four droplets of rain!

III

Het gestamp van de voeten zwijgt.
De stilte bezit het water en de vlakte.
Het water glinstert.

De maan heeft geluisterd naar het rumoer van de aarde
En voelt zich maan.
Er zijn geen olijven op de maan.

In de verte rijdt de gelukkige.
Hij waadt door de rivier
En slaapt op de zanderige oever
Naast een groene boom.

Als de zon hem wekt,
Streelt hij zijn liefste.
Zijn stem is hees,
De wind maakt hem duizelig.
Er zijn geen olijven op de maan.

III

The stamping of feet falls silent.
The hush takes hold of the water and the plain.
The water glistens.

The moon has listened to the trembling of the earth
And feels like the moon.
There are no olives on the moon.

In the distance the happy man rides.
He wades through the river
And sleeps on the sandy bank
Beside a green tree.

When the sun awakes him,
He caresses his love.
His voice is hoarse,
The wind makes him dizzy.
There are no olives on the moon.

X

Alle hoeken zijn naakt.
Alle woorden zijn naakt.
In Córdoba is een hoek waar de mannen pissen
Als hun buik bol staat van het bier,
Kreunend van opluchting,
Met half open ogen.

Zo'n hoek heb je ook in Lissabon,
Zelfs de wind die over de Taag aankomt
Kan hem niet schoon krijgen.
Ik heb staan kijken,
Mij verbazend over de naaktheid van die hoek.

Vanaf een balkon werd geschreeuwd: 'Wat zoek je?
Jongeman, die hoek is heel speciaal.
Elk jaar vijf doden! Kijk maar eens goed,
En ga naar huis.
Ga naar huis.'
De vrouw rochelde en spuugde flink.
En ik, terwijl ik maakte dat ik weg kwam,
Verwonderde mij over de naaktheid van die hoek.

X

All corners are naked.
All words are naked.
In Córdoba there is a corner where the men piss
When beer has bloated their bellies,
Groaning with relief,
Eyes half open.

There is also a corner like this in Lisbon,
Even the wind that blows in from the Tagus
Cannot clean it out.
I have stood watching,
Surprised at the nakedness of that corner.

From a balcony there was a cry: 'What is it?
Young man, that corner is very special.
Five deaths every year! Take a good look,
And go on home.
Go on home.'
The woman hawked and spat with force.
And I, while I made myself scarce,
Was amazed at the nakedness of that corner.

Nooit eerder zag ik een symbool,
Nooit zag ik een symbool dat zo'n indruk op mij maakte
Als de wind.
Nooit had ik om iets meer vreugde.
Nooit eerder was ik zo ontroerd.

Onze vlag, het volkslied,
De verovering van de zilvervloot, het aardewerk
Uit mijn dorp,
O, geef mij de wind!
Geen idee, uitgesproken of geheim,
Geen veelbetekenend briefje noch een knipperende ster,
Geen enkel verschijnsel van eeuwige duur,
Geen glimmend autootje,
Nee, geef mij de wind!

De wind fluistert,
De wind schreeuwt,
En de borsten van mijn liefje zijn haar werk.
Het hart van de wind
Klopt in mijn hart.

Ik weet niet waar ze vandaan komt,
Ik weet niet wat haar drijft.
Een hemellichaam, een heldere gedachte, een wil,
Te weten wat haar essentie is
Maakt mij niet uit.

Laat de wind waaien, laat de wind slapen.
Zozeer bezijden alles wat zij is, is het haar zus of zo te zien.
Zoals zij natuurlijk geen symbool is,
Maar alleen en volstrekt de wind.

XV

Never before did I see a symbol,
Never did I see a symbol that impressed me as much
As the wind.
Never did anything make me happier.
Never before was I so moved.

Our flag, our anthem,
The capture of the treasure-fleet, the pottery
From my village,
O, give me the wind!
No idea, uttered or secret,
No meaningful note or sparkling star,
No single phenomenon of eternal length,
No shiny little car,
No, give me the wind!

The wind whispers,
The wind screams,
And the breasts of my love are her work.
The heart of the wind
Beats in my heart.

I don't know where she comes from,
I don't know what makes her tick.
A celestial body, a clear thought, a will,
To know what her essence is
Doesn't matter to me.

Let the wind blow, let the wind sleep.
To see her this way or that would be so unlike the way she is.
The way she is of course no symbol,
But only and completely the wind.

De rivier die langs mijn huis stroomt is vrolijk.
De mensen uit de straat zeggen dat de rivier vrolijk is
En ik zeg hen na 'de rivier is vrolijk'.

Sommigen prevelen formules.
Anderen vervullen bizarre plichten.
Uitgeteld ligt de wereld aan hun voeten.
Maar de mensen uit de straat zien dat niet zo.
Kijk, zeggen ze, de rivier is vrolijk,
En ik, het is waar, zeg hen na 'de rivier is vrolijk'.

Hoe langzaam, hoe langzaam is tijd!
Ik hou niet op mij daarover te verbazen.
Intussen stroomt de rivier,
Stroomt de rivier zonder vragen
En zonder de grote ideeën van de straat.

Herinnering noch illusie veranderen iets aan het stromen
                                                van de rivier.
En ach, die ene keer dat ze misschien niet zo stroomt,
Die zij haar vergeven.

XXI

The river that runs past my house is cheerful.
The people in the street say that the river is cheerful
And I repeat after them 'the river is cheerful'.

Some mutter formulae.
Others fulfil bizarre duties.
Utterly exhausted the world lies at their feet.
But the people in the street don't see it that way.
Look, they say, the river is cheerful,
And I, it is true, repeat after them 'the river is cheerful'.

How slow, how slow is time!
It never ceases to amaze me.
Meanwhile the river flows,
The river flows without question
And without the big ideas on the street.

Neither memory nor illusion change the running
                                        of the river.
And well, the one time perhaps it doesn't run that way,
Let it be excused.

XXIV

Aan de ene kant staat het ding.
Aan de andere kant staat het mysterie.
Meer van het ding en het mysterie weet ik niet.

Hoe in naam van wat dan ook,
Hoe kan ik er meer van weten?
En dit weten is een klein weten, voeg ik eraan toe,
Een klein idee hoogstens, klein
In zijn gevolgen
Voor de tijd.

Als aan de ene kant staat het ding
En aan de andere kant het mysterie,
Is de wereld duidelijk.

De straat is de straat waarin ik vrienden tegenkom,
De bomen bloeien zoals zij moeten bloeien, met bloesems,
De wind waait wanneer zij wil,
En het gebrek aan meer weten
Dan dat aan de ene kant staat het ding
En aan de andere kant het mysterie
Is mij een onuitputtelijke bron van vreugde.

XXIV

On the one hand is the thing.
On the other hand is the mystery.
More of the thing and the mystery I don't know.

How in whatever name,
How can I know more about it?
And this knowing is a slight knowing, I must add,
A slight idea at most, slight
In its consequences
For time.

If on the one hand is the thing
And on the other hand the mystery,
The world is clear.

The street is the street where I meet my friends,
The trees flower as they should flower, with blossoms,
The wind blows when it wants to,
And knowing no more
Than that on the one hand is the thing
And on the other hand the mystery
Is an unfailing source of pleasure.

Waar zijn mijn tranen, waar zijn ze?
Waar is mijn hart, waar mijn verstand?

Toch waait de wind onherroepelijk,
De wind waait door de straten.

Waar zijn mijn aanvallen van razernij, waar?
Waar is mijn ziel, waar mijn verstand?

Jij lief meisje, schoonheid van kleuren,
Jij kamt je haren als een vogel.

Waar zijn mijn tranen, waar zijn ze?
Waar is mijn hart, waar mijn verstand?

Voor jou waait de wind, lief meisje,
Jou wast hij, verfrist hij, voor jou zal hij waaien.

O, waar zijn mijn gedachten, waar?
Waar is mijn ziel, waar is mijn ziel?

XXVI

Where are my tears, where are they?
Where is my heart, where my mind?

Yet the wind blows irrevocably,
The wind blows through the streets.

Where are my fits of madness, where?
Where is my soul, where my mind?

You sweet girl, beauty in colours,
You comb your hair like a bird.

Where are my tears, where are they?
Where is my heart, where my mind?

For you the wind blows, sweet girl,
It cleans you, revives you, for you it will blow.

O, where are my thoughts, where?
Where is my soul, where is my soul?

from
THE GABLE-CLEANER
& OTHERS (1994)
DE GEVELREINIGER EN ANDEREN

DE HAGEDIS

Tijd is langzaam en bevattelijk.
Er kruipt een groene hagedis over de grond
Tussen ontelbare vragen.

Schram heelt. Bot groeit aan.
Stof, papiertjes, minuscuul leven,
En de hagedis tart probleemloos het heelal.

Hij gaat naar de hoek waar gehuild wordt,
Om zich te laven aan de uitkomst van een strijd
In het voorbijgaan geleverd.

Hij beschimpt de mist van vragen,
Schoksgewijs, met zijn coherente levenswandel.
Hij is gemiddeld zoals wij gemiddeld zijn.

Zijn gedachten dwalen af.
Zijn voorkeur gaat uit naar boomschors,
Steen, een huisje, gehuppel.

Zijn gedachten komen terug.
Hij is tijdelijk zoals wij tijdelijk zijn.
We bevatten elkaar.

THE LIZARD

Time is slow and comprehensible.
A green lizard creeps across the ground
Amongst innumerable questions.

Scratch heals. Bone grows back.
Dust, scraps of paper, minute life,
And the lizard effortlessly taunts the universe.

He goes to the corner where there is crying,
To drink in the result of a struggle
Fought in passing.

He berates the cloud of questions,
Jerkingly, with his coherent way of life.
He is average the way we are average.

His thoughts drift off.
His preference is for tree-bark,
Stone, a little house, skipping.

His thoughts return.
He is temporary as we are temporary.
We comprehend each other.

PROEF OP DE SOM

Plotseling was het water oranje.
Dat miraculeuze water, trouw stromend,
Trouwe stroom van water, opeens oranje,
Met niets te vergelijken.

Zo verscheen de wereld,
Die concrete wildernis.
Appartement, pijnscheut, hond,
Atmosfeer, rots, drift, generatie,
Libel, woestijn, melk, theorie,
Versmolten en ongegrond oranje.

Welnee, er was niets droevigs aan, geen schande,
De wereld verscheen niet om te imponeren
Of om te waarschuwen voor onheil,
Verscheen niet als rat,
Kwam niet satirisch.

Het water stroomde als voorheen,
Maar oranje tot op de bodem.
Het ontkende bloesem, spook, melancholie,
Het bevestigde zijn betekenis.
En de wereld stroomde eensklaps als water,
Stroomde oranje zonder motief,
Stroomde oranje, stroomde.

Er was alleen het stromen van de wereld,
Een minuut of twee, die de middag aan zich bond,
En het meisje dat een spreeuw nakeek.

PUT TO THE TEST

Suddenly the water was orange.
That miraculous water, loyally flowing,
Loyal flow of water, at once orange,
Incomparable.

So the world appeared,
That concrete wilderness.
Apartment, stab of pain, dog,
Atmosphere, rock, urge, generation,
Dragonfly, desert, milk, theory,
Blended and unfounded orange.

No, it wasn't at all sad, no disgrace,
The world did not emerge to impress
Or to warn against disaster,
Didn't emerge as a rat,
Nor came satirically.

The water flowed as before,
But orange right to the bottom.
It denied blossom, ghost, melancholy,
Confirmed its meaning.
And slap-bang the world flowed like water,
Flowed orange without motive,
Flowed orange, flowed.

There was only the flowing of the world,
A minute or two, that tied the midday to it,
And the girl that watched a starling go.

SLAAPLIEDJE

Wie is er aan de beurt
Om te verzamelen de verlegenheden,
Om te contribueren de wraakzucht,
Om te verblijden het surplus met een vector?

En wie is er aan de beurt
Om te tooien het ruwe,
Om te krommen wat gekanaliseerd is,
Om te veruiterlijken de hartslag?

En wie is er aan de beurt
Om te vereenvoudigen het gemis,
Om te oogsten de toevalligheid,
Om te ontwerpen het opgeheven hoofd,
Om te intensifiëren de weerzin,
Om te gaan van kwaad tot erger,
Om te verdiepen die stroom van roestend bloed?

En wie is er aan de beurt
Om lief te hebben het gestruikel in stilte,
Om te proeven het eenzaam schoenvetertje,
Om lief te hebben de korrelige huid?

Nou, wiens beurt is het,
Om te dwepen met het georganiseerd applaus,
Om te verstoten de paria onder de varkens,
Om vet te mesten de stipte buik van eigendunk?

En wiens beurt is het
Om te aarzelen met een begin,
Om te declameren de opmerkelijkste nummerplaat,
Om te bespuwen de rede van het vals fatsoen?

En wie zal gaan,
Om zijn absentie te betreuren, zwak gelag,
Om zijn rol te bagatelliseren, die van stroper,
Vriend, mystiek?

LULLABY

Whose turn is it
To accumulate the embarrassments,
To contribute the vengefulness,
To gratify the surplus with a vector?

And whose turn is it
To dress what is raw,
To curve what is canalised,
To externalise the heartbeat?

And whose turn is it
To simplify the sense of loss,
To harvest the coincidence,
To design the raised head,
To intensify the cruelty,
To go from bad to worse,
To deepen that stream of corroding blood?

And whose turn is it
To make love to the stumbling in silence,
To taste the lonely little shoelace,
To make love to the flaky skin?

Well, whose turn is it,
To enthuse over the orchestrated applause,
To banish the pariah among the pigs,
To fatten the punctual stomach of self-conceit?

And whose turn is it
To hesitate with a beginning,
To declaim the most notable number-plate,
To spit on the reason of false decency?

And who will leave,
To mourn his absence, weak ordeal,
To trivialise his role, that of poacher,
Friend, mystic?

En wie zal inhaken
Om te vergeten, te vergeten zonder repetitie,
Om te vergroten het minimale op zo'n manier
Dat geen route nog vrees wekt?

En wie zal zingen
Het lied van een trage tijd, te traag,
Het lied van zoute beken overschaduwd door de wereld,
Het lied dat uitblinkt in vandaag,
Het lied dat morgen pas zijn vleugels spreidt,
Het lied van de vlucht voor kartonnen elementen,
Het sublieme lied van een misschien?

Maar de nacht schuift al door de straten.
Vloeibare verkleuring die stemmen reduceert
Tot steen, asfalt, glas.
Laten we slapen.

And who will elaborate
To forget, to forget without repetition,
To enlarge the minimal in such a way
That there's no route left to invoke fear?

And who will sing
The song of slow time, too slow,
The song of salt brooks overshadowed by the world,
The song that excels in the present,
The song that won't spread its wings till tomorrow,
The song of the flight from cardboard elements,
The sublime song of a maybe?

Yet the night already slides through the streets.
Fluid fading that reduces voices
To stone, asphalt, glass.
Let us sleep.

GLINSTERING OP DOORTOCHT

Glinstering aan gene zijde van de fantasie,
Vermomd als houten anker,
Gisteren dreef door het kanaal
Uitnemende onduidelijkheid.

Ademloos hield de straat zijn pas in,
Even ademloos de overkant.
Eindelijk toonde zich het niet te onderscheidene,
Drijvend door het kanaal zonder geheimen.

Eerst keken wij wantrouwend,
Met vrees, vrees voor bedrog,
Leugentjes om bestwil, troost, sentiment
Dat wij beschouwden als symbool.

Maar zoals ze daar ging, traag
Door het irreële kanaal, onduidelijkheid.
'Spectrum van vonken, wees welkom!'
Even waanden wij ons zuiver.

Toen ging de brug open.
Paniek brak onze harten.
Gefluister, stamelen, ongeloof,
Kreten van walging, ontsteltenis.

Vergeefs. Superieur aan het karakter
Van de menigte gleed de glinstering,
Waarachtig zonder obscuur te zijn,
Naar gene zijde van de brug.

Wij zagen nog vaag een gloed, herinnering
Die langzaam doofde in de verte.
O formidabele onduidelijkheid! Morrend
En vloekend trokken wij ons weer terug in de natuur.

GLITTERING PASSAGE

Glittering on the other side of fantasy,
Disguised as a wooden anchor,
Yesterday drifted through the canal
Outstanding obscurity.

Breathless the street checked its step.
Opposite equally breathless.
Finally the undistinguishable showed itself,
Floating through the canal without secrets.

First we looked warily,
With fear, fear of betrayal,
White lies, consolation, sentiment
That we thought to be symbolic.

But the way that it went, slowly
Through the unreal canal, obscurity.
'Spectrum of sparks, be welcome!'
Briefly we thought ourselves pure.

Then the bridge was raised.
Panic broke our hearts.
Whispers, stammering, disbelief,
Cries of loathing, dismay.

In vain. Superior to the character
Of the crowd the glittering slid by,
Truly without being obscure,
To the other side of the bridge.

We vaguely saw a glow, memory
That faded slowly in the distance.
O formidable obscurity! Grumbling
And cursing we retreated once more into nature.

GISTFABRIEK

Vlak bij het station,
In een portiek, wachtte Nol de journalist
Die een groot geheugen heeft voor niemendalletjes.
Hij keek streng en zei 'De regen maakt me bedroefd.
Alsjeblieft, verzin iets vrolijks!'

Verbaasd keek ik hem aan.
Zijn lange jas hing open. Bril scheef op de neus.
Ik zuchtte diep alsof ik zou gaan spreken,
Maar de waarheid is dat ik zuchtte voor de grap.
Mijn vriend had niets door…
Wij stonden naast elkaar als herinneringen en keken door de
                                                        regen,
Regen van ogenblikken, naar onszelf.
Nol bood me een sigaret aan die ik accepteerde
Om mij in verzinsels te verliezen.

Nog voel ik die sigaret.
Duizeligheid die overging in kortstondig ruiken aan viooltjes,
Verbazing, de echo van die verbazing, een spottend gezicht,
De stem van een heilssoldaat,
Gebarende figuren onder paraplu's, hoeden,
De kleine bloem die zich moeiteloos aan me opdrong,
Een afgeladen bus met licht beslagen ruiten, aktetassen,
Twee vrouwen in de telefooncel, beleefde knikjes
Van voorbijgangers...
Ik herinner me die sigaret
Als de herinnering van iemand anders, zo iemand
Die tussen druipende regenjassen zoekt naar de bril op zijn neus,
Concurrenten wegduwt bij de taxi en 'Hallo!' roept naar bekenden.
'Hallo!'... Maar de vreemdeling
Groette me niet.

Half in de regen, half in de portiek,
Duister van de sigarettenrook, verlicht door een peertje,
Spraken we zonder genade
Teneinde ons te warmen. (Onzinnig te vragen waaraan!)
En zie, plotseling begon een droom.

50

YEAST FACTORY

Close to the station,
In a portico, Noel the journalist waited,
Who has a great memory for commonplaces.
He gave a stern look and said 'The rain saddens me.
Please, think up something cheerful!'

Surprised, I looked at him.
His long coat hung open. Glasses crooked on his nose.
I sighed deeply as if I was going to speak,
But the truth is I sighed for the fun of it.
My friend had not caught on...
We stood next to each other like memories and looked
                                        through the rain,
Rain of moments, at ourselves.
Noel offered me a cigarette which I accepted
To lose myself in make-believe.

I still feel that cigarette.
Dizziness that changed into briefly smelling at violets,
Amazement, the echo of that amazement, a mocking face,
The voice of a salvation army soldier,
Gesturing figures under umbrellas, hats,
The little flower that effortlessly forced itself on me,
The packed bus with lightly fogged-up windows, briefcases,
Two women in a phone box, polite nods
Of passers-by...
I remember that cigarette
Like the memory of someone else, one of those
Who between dripping raincoats looks for the glasses on his nose,
Pushes rivals away at the taxi and shouts 'Hello!' at friends.
'Hello!'... But the stranger
Did not greet me.

Half in the rain, half in the portico,
Dark from the cigarette smoke, illuminated by a bare bulb,
We spoke without mercy
So as to warm ourselves. (Stupid to ask on what!)
And behold, suddenly a dream began.

51

Zonder moeite was de bloem,
De bloem die liefde suggereert, vierkantjes van kristal,
Die licht en donker verbindt, met elkaar, met de tijden
Van de tuinman, met dromen, met zien.
De bloem was eenvoudig voor de een,
Gecompliceerd voor de ander.
Al dat werk, dat suggereren, dat verbinden en zijn,
Dat kostte de bloem geen moeite.
Ze lachte gelukkig en liet zich strelen door de wind,
De wind die zoals altijd een briesje was,
Herkenbaar aan duizend vingertoppen, verzameld op een lange reis,
En de bloem lachte om elk van hen.

Seizoen noch droom, gedroomd door de tuinman,
Veranderde iets aan de bloem.
Ook het briesje bleef intact.
Nooit was het briesje een stevige wind,
Nooit een windstilte, en zelfs stormen en onheilspellende winden
Voelde de bloem als briesjes.

De bloem fantaseerde moeiteloos een liefde van kristal,
Samenhang die duizend samenhangen ademde,
En geen enkele.

Uitgeput, onzichtbaar
Hield het briesje van de bloem,
Op een glinsterende en vanzelfsprekende manier,
Manier zonder verklaring, conclusie, dood...
De bloem was verzot op het briesje
En schonk het haar geur.
0 enkelvoudige, eenvoudige!
Zonder moeite...

De regen moet ons hebben verleid. We liepen onaangekondigd
Over straat.
Westvest, Binnenwatersloot...
Nol de journalist vertelde over zijn nieuwe huis,
Over gordijnen, stopcontacten, plankjes, stucwerk, vlooien
Gekweekt door de vorige eigenaar, en de gedachte van de architect.
Opeens bleef hij staan.
Alsof hij iets zag.

The flower was effortless,
The flower that suggests love, squares of crystal,
That connects light and dark, with each other, with the times
Of the gardener, with dreams, with seeing.
The flower was simple to one,
Complicated to another.
All that work, that suggesting, that connecting and being,
It was no trouble to the flower.
She laughed happily and let herself be caressed by the wind,
The wind that was as always a breeze,
Recognisable by a thousand fingertips, collected on a long journey,
And the flower laughed about every one of them.

Neither season nor dream, dreamt by the gardener,
Changed anything about the flower.
The breeze also remained intact.
Never did the breeze become a strong gale,
Never a calm, and even storms and eerie winds
The flower felt to be breezes.

The flower easily imagined a crystal love,
Connection breathing a thousand connections,
Not a single one.

Exhausted, invisible
The breeze loved the flower,
In a glistening and unquestionable way,
Way without explanation, conclusion, death…
The flower doted on the little breeze
And gave it her scent as a gift.
Oh singular, simple!
Without effort…

The rain must have seduced us. We walked unannounced
Down the street.
Westvest, Binnenwatersloot…
Noel the journalist talked of his new house,
Of curtains, sockets, shelves, stucco, fleas
Cultivated by the previous owner, and the view of the architect.
Suddenly he stood still.
As if he saw something.

Misschien begreep hij iets. Onthield hij iets.
De omvang van het verkeer? Hij lachte bleek en verward.
Nee, een unieke sensatie.

Kort samengevat: hij voelde één regendruppel.
Niet een bombardement van druppels, geen spervuur, ook
                                    niet een beweging
Van tijdelijkheid en ritmiek, of zachte stof.
Slechts één druppel,
Een druppel uit duizenden, ondefinieerbaar en galant,
Zonder einde en met de ziel van een bloem.
We zwegen op de Wijnhaven.
(Het toeval proevend, losliggende steentjes,
Etalages, een huwelijksfoto, de rij bij de bakker,
Bemerkte ik, omdat het toeval van mij begon te proeven,
Hoe langzaam, heel rustig, een van mijn onderdelen zich losmaakte
En verdween.
Wat hoop? De milt? Het afweersysteem? Illusie? Leven?
Niet te zeggen. Een ogenblik vermoedelijk,
Een ogenblik dat me weinig kon schelen.)

Het hield op met regenen.
De lucht brak. Schaduwen van helder licht
Kruisten ons pad, verblindend helder, vloeiend,
Licht met overgave en stenen,
Licht van vocht, zware geuren, slaap,
Licht van feiten, niemendalletjes, tegendraads als ideeën,
Licht verzameld door fluisterende vrouwen
Die de uren met geheimen verrijken,
Licht uit de verte,
Kristal...

Eindelijk! De journalist wilde luisteren!
Ik vertelde hem mijn droom, de droom van de bloem en het briesje...
Steeds die lusteloze pas...
Hij lachte niet en leek te denken dat de werkelijkheid anders was,
Levendig, niet werkelijk,
Verschillend van zijn geheugen,
Idioter dan geschiedenissen,
Veelzijdiger dan dingen, bedroefder dan een bloem.

Perhaps he understood something. Remembered something.
The volume of traffic? He laughed pale and confused.
No, a unique sensation.

In short: he felt a single drop of rain.
Not a bombardment of drops, no barrage, or
                                    movement
Of temporariness and rhythm, of soft fabric.
Merely one drop,
A drop among thousands, indefinable and gallant,
Without end and with the soul of a flower.
We were silent on Wijnhaven.
(Tasting chance, loose stones,
Shop-windows, a wedding photo, the queue at the bakery,
I noticed, because chance started to taste of me,
How slowly, how calmly, one of my components broke loose
And disappeared.
Some hope? The spleen? The immune system? Illusion? Life?
Couldn't say. A moment presumably,
A moment I did not much care for.)

It stopped raining.
The sky broke. Shadows of clear light
Crossed our path, blindingly clear, streaming,
Light with dedication and stones,
Light of moisture, heavy smells, sleep,
Light of facts, commonplaces, contrary as ideas.
Light collected by whispering women
Who enrich the hours with secrets,
Light from afar,
Crystal…

Finally! The journalist wanted to listen!
I told him my dream, the dream of the flower and the breeze…
Always that listless tread…
He did not laugh and seemed to think reality was different,
Lively, not real,
Different from his memory,
More idiotic than histories,
More diverse than things, sadder than a flower.

Hij schudde zijn hoofd en nam afscheid.
Aan het einde van de Verwersdijk ging hij de brug over,
Achtervolgd door de rook van zijn sigaret.
Eerst een vloeiende lijn, dan hoekig,
Daarna gebroken, ten slotte lucht.
Zo verdween hij uit het zicht,
Zware tabak en een lange, openhangende jas die zich haastte,
Haastte...

Nu, weken later, herinner ik me niet iets gedacht te hebben.
Ik keek hem na en dacht niets,
Ik lachte een beetje zonder te lachen
Zoals degeen die het uitschreeuwt van stomheid,
En ik voelde een vreemdsoortige vreugde over niets,
Helemaal niets.

Mijn hart was kalm en ruimtelijk.
Het gaf, schijnbaar moeiteloos,
De dingen hun plaats.
(Dat mijn hart zo'n goede daad verrichtte, deed me trillen,
Dat doorweekte hart,
Die bevlogen spreker.)

Voldaan liep ik verder, sigaret tussen de tanden,
Gezicht van een bankbediende, air van de slager,
En gehavend voor de rest.
Geerweg, Kolk...
Ik naderde de hoek met het Noordeinde,
Zekerheid en twijfel kauwend op halfslachtige wijze.
Zonder betekenis was de bank aan de overkant.
Ik vermoedde een luchtig 'Als ik het niet dacht!'
En een lange regenjas.
Tien meter, zeven, drie, twee...
Overtuigd van de vele gezichten van de dingen...

Raad eens tegen wie ik op botste!
Het was de tuinman, de tuinman van het sanatorium!
Ik wist zijn naam niet meer.
Ja, hij kon neuriën als de beste!

He shook his head and said goodbye.
At the end of Verwersdijk he crossed the bridge,
Tailed by the smoke from his cigarette.
First a flowing line, then edgy,
Then broken, finally air.
So he disappeared from sight,
Heavy tobacco and a long, free hanging coat in haste,
Haste…

Now, weeks later, I do not remember thinking anything.
I watched him go and thought nothing,
I laughed a little without laughing
Like someone who cries out from speechlessness,
And I felt a peculiar joy about nothing,
Nothing at all.

My heart was calm and spacious.
It gave things their place,
Apparently without effort.
(That my heart performed such a good deed, made me shiver,
That sodden heart,
That animated speaker.)

Satisfied, I walked on, cigarette between my teeth,
Face of a bank clerk, look of the butcher
And dishevelled for the rest.
Geerweg, Kolk…
I approached the corner with Noordeinde,
Chewing certainty and doubt half-heartedly.
The bank on the other side was meaningless.
I suspected an airy 'Just as I thought!'
And a long raincoat.
Ten metres, seven, three, two…
Convinced of the many faces of things…

Guess who I bumped into!
It was the gardener, the gardener of the sanatorium!
I couldn't recall his name.
Yes, he could hum like the best of them!

Hij droeg een volle tas, waaruit een borstel stak.
Verlegen knikte ik hem toe en hij passeerde me
Met alle herinneringen.
(Opnieuw twee vingers kwijt.)

Ik verzonk in gepeins, onnozelste der bezigheden,
En zocht in de uitgestrekte en eindeloze wereld achter de ogen,
Die wereld waarvan men zegt dat zij grotere diepten kent
Dan de wereld ervoor,
Naar een afdoende verklaring.
Zonder gekheid, ik hield het drieëneenhalve minuut vol
En tartte zo het lot van degeen die zonder aanzien des persoons
Vergeefs ronddoolt in zijn minimale wezen.
Maar geen seconde langer!
Ik bedankte mijn horloge en stopte het weg.

Op naar de overkant
Waar ik stilhield voor de bank zonder betekenis.
Zorgeloos om mijn identiteit en met weinig moeite speculerend
Over het geluk bankbediende te zijn, journalist of slager,
Liet ik de bank haar werk doen.

Wat er is en wat er niet is, is er en is er niet.
Zo luidde de waarheid die de bank me schonk.
Gemakzuchtig?... Doorwrocht?... Kreupel?...
Ik nam er genoegen mee en haalde adem.
Boven in de lucht smolten wolken samen,
Ze ruilden van buitenkant en groetten elkaar,
Glimlachend ruimte makend.
(Een parallel voor wie van parallellen houdt,
Een bewijs voor wie betekenis gelooft...)
Het begon te waaien.

Iets? – ik voel het me nog denken –
Iets, jazeker, van feitelijkheid ontdaan en niet verzonnen,
Teer en wonderlijk als eenvoudig kristal,
Werkelijk als een bloem...
O kleine bloem!

He carried a full bag, with a brush sticking out.
Shyly I nodded at him and he passed me
With all our memories.
(Lost two fingers again.)

I fell to pondering, silliest of occupations,
And searched in the vast and endless world behind the eyes,
The world of which people say it knows greater depths
Than the world before it,
For a satisfactory explanation.
No kidding, I lasted three-and-a-half minutes
And so taunted the fate of the one who indiscriminately
Wanders round in vain in his minimal being.
But not a second longer!
I thanked my watch and put it away.

Onwards to the other side
Where I stopped in front of the meaningless bank.
Caring not for my identity and with little effort speculating
On the future of being a bank clerk, journalist or butcher,
I let the bank do its job.

What is there and what isn't there, is there and is not there.
So ran the truth that the bank granted me.
Lazy?... Crafty?... Lame?...
I was not satisfied and took a breath.
Up in the sky the clouds melted together,
They swapped outsides and greeted each other,
Smilingly making space.
(A parallel for those who like parallels,
Proof for those who believe meanings...)
A wind started to blow.

Something? – I can still feel myself thinking it –
Something, definitely, stripped of factuality and not imagined,
Fragile and marvellous as a simple crystal,
Real as a flower...
O little flower!

Heel even zag ik haar tussen de stenen,
Terwijl ik naar het manoeuvreren der wolken keek.
Heel even.
Lang genoeg om ook mijn hart kwijt te raken.
O ruwe bloem!

Ik voelde me naakt.

Kort daarna een schepsel met zware schoenen,
Zoals degeen die, voelend wat zichtbaar is, niet hoeft te denken.
Op die manier, vrij van gedachten
En van de noodzaak te denken,
Naakt als verzinnen, verdriet, vrolijkheid,
Wandelde doodgemoedereerd wat van me over was
Over de Wateringsevest,
Luisterend naar het razen van passerende treinen
En het gezoem van de Gistfabriek,
En zonder moeite.

For a moment I saw her between the stones,
While I looked at the manoeuvring of the clouds.
For a moment.
Long enough also to lose my heart.
O rough flower!

I felt naked.

Shortly after that a being with heavy shoes,
Like the one who, feeling what is visible, doesn't have to think.
In that way, free of thought,
And of the necessity to think,
Naked as imagining, sadness, joy,
What was left of me walked perfectly calm
Across Wateringsevest,
Listening to the raging of passing trains
And the humming of the Yeast factory,
And without effort.

Translator's note: all the street names mentioned are in the city of Delft,
in the province of Zuid-Holland.

ONBEKENDE GROOTHEID

Onlangs stond iemand niets te doen,
Een man, achter in de vijftig,
Bij de bushalte, bruin colbertje,
Drie ringen van goud, steil haar,
Broek met vlekken, das, overhemd
Van puur katoen, oren, ogen,
Zware schoenen, neus.

Hij zei niets, deed niets,
Stond niets te doen en nog eens niets.
De bus kwam elk halfuur,
De bus voor het station en de winkels,
Ziekenhuis, gezelschap, leven.
De bus kwam en passeerde,
Samen met wat passagiers
Die kwamen om te gaan.

En ze zagen voor ze gingen
Een man niets staan te doen,
En ze zagen een man, zonder doel,
Die tijd verdeed, verprutste,
Die niet verlangde, geen poot uitstak,
Die niet wachtte, niet op weg was,
Niks uitvoerde, gewoon maar stond,
Die geen verhaal had, geen ambitie,
Die leefde, als hij leefde,
Zonder interesse in katernen
Of het vlugschrift van de autobranche,
Die gewoon wat stond te lummelen,
De boel de boel liet, beslist niet waste,
Ademde zonder eigenaardigheid, stond,
Geen spaarcent te zien, geen misnoegen,
Alleen schandalig niks, zijn talent
Aan het verwaarlozen (donatie
Aan een minder bedeelde), zoals het uitkwam,
Die niet kon bogen op de prijs
Voor de armzaligste borst vooruit,
En ze zagen dat hij ouder werd,

UNKNOWN QUANTITY

Recently someone stood doing nothing
A man, in his late fifties,
At the bus stop, brown jacket,
Three gold rings, spiky hair,
Stained trousers, tie, shirt
Of pure cotton, ears, eyes,
Heavy boots, nose.

He said nothing, did nothing,
Stood doing nothing and again nothing.
The bus came every half-hour,
The bus to the station and the shops,
Hospital, society, life.
The bus came and passed by,
Along with some passengers
Who came to go.

And they saw before they went
A man standing there doing nothing,
And they saw a man, without aim,
A time-waster, squanderer,
Who didn't desire, or lift a finger,
Who didn't wait, wasn't on his way,
Did nothing, just stood there,
Who had no story, no ambition,
Who lived, when he lived,
Without interest in supplements
Or the shorthand of the car trade,
Who just spent time hanging about,
Let things lie, certainly didn't wash,
Breathed ordinarily, stood,
Not a penny saved, no displeasure,
Just scandalously nothing, wasting
The talents he had (donation
To someone less well off), as it happened,
Who couldn't pride himself on the award
For the most paltry stuck-out chest,
And they saw he was getting older,

En zonder enig resultaat geschikt
Voor televisie, en ze zagen hem
Al doodgaan, voorbij de vegetatie,
Lichtjaren verwijderd van het einde
Van het zinvol en volwaardig leven,
Zonder slotbuffet of rekenschap,
Hoewel de man inmiddels kauwgom
Kauwde en compleet nergens op leek.

Tegen middernacht de laatste bus
Die kwam en ging. Een passagier nog
Zag dat de man een bel blies,
Een onverklaarbaar grote bel
Waarmee hij opsteeg, zweefde,
Hoger klom, verdween, in niets.

And without any result fit
For television, and they could already
Picture him dying, past vegetation,
Light-years away from the end,
From the useful and valuable life,
Without final supper or justification,
Although the man was now chewing gum
And no longer resembled anything.

Close to midnight the last bus
That came and went. Yet one passenger
Saw the man blow a bubble,
An inexplicably large bubble
He rose up with, floated,
Climbed higher, disappeared, into nothing.

DE GEVELREINIGER

Alleen op zijn fiets
Gaat de reiniger van gevels,
Onbegrepen met zijn begrippen.

Hij waant zich helder,
Maar een onbestemde angst
Rijdt rond in zijn borst.

De tas bevat wat brood,
Een appel en een thermoskan.
Zijn hart maalt afwezig.

Want hij is alleen.
En zijn tong is alleen.
En zijn precisie is alleen.

Je kunt zijn handen aan het stuur zien.
Je kunt complexiteit zien in het kleine zadel.
Je kunt zijn stroeve benen zien.

En gezien door iedereen, en onbegrepen,
Ziet de gevelreiniger zichzelf
En probeert hij te begrijpen.

Het regent zachtjes,
De lucht vol liefde voor details.
Er zullen andere gevels komen.

Zijn dochtertje zal groter worden,
Vragen stellen, over straat lopen,
Door plassen, met tijdloze stappen.

Hij zal haar vergelijken,
Op leugens betrappen,
Geheimen beloven.

Er zullen andere gevels komen.
Er zullen andere straten zijn.
Maar waar is dan zijn plaats?

THE GABLE-CLEANER

There goes the gable-cleaner
Alone on his bike,
Not understood with his notions.

He thinks himself lucid,
But an undefined fear
Rides around in his chest.

The bag contains bread,
An apple and a thermos flask.
His heart grinds absently.

For he is alone.
And his tongue is alone.
And his precision is alone.

You can see his hands on the handlebars,
You can see the complexity of the small saddle.
You can see his jerky legs.

And seen by everybody, and not understood,
The gable-cleaner sees himself
And he tries to understand.

It's raining softly,
The air full of love for details.
There will be other gables.

His daughter will grow,
Ask questions, walk in the street,
Through puddles, with timeless steps.

He will compare her,
Catch her lying,
Promise her secrets.

There will be other gables.
There will be other streets.
But what will then be his place?

Hij, gewend te construeren
Het innerlijk verband tussen de binnenmuur
En die van buiten, hij is alleen.

Hij ziet ons, iedereen, nog in pyjama,
Hij ziet ons in tenue de deur uit gaan.
Omgekeerd gaan zijn begrippen.

De sterren staan verbleekt
Boven de gevel van de slager,
Keerzijde van weids geloei.

En de reiniger van gevels
Speelt in gedachten met de dag,
Verdampend gelijk niets vergelijkbaars.

Vandaag is de dag een vlecht.
Morgen is de dag een zak met dropjes.
Daarna zal de dag pas weer mysterie zijn.

Dat neemt zijn angst weg.
De nummers laten tellen,
De ontzielde variabelen.

En het bestaan rijdt onbegrepen
In zijn borstzak met hem mee.
Hij begint zichzelf te kennen.

In staat de waarneming te sturen,
Te doen alsof, zijn masker, in een droom,
Te schilderen, te testen.

Oorlogskleuren, zomerkleuren,
Rood voor elke dag, en blauw erbij,
En geel is het begrip.

Hij heeft geen land, geen stallen,
Hij heeft geen krukje van onzichtbaar goud,
Hij heeft geen vogels in de serre.

He, used to construing
The inner relation between the inside wall
And the outer one, he is alone.

He sees us, all of us, still in pyjamas,
He sees us in suits walk out of the door.
His notions go the other way.

The stars stand pale
Above the butcher's gable,
Reverse of almighty lowing.

And the cleaner of gables
In his head toys with the day,
Evaporating like nothing similar.

Today the day is a ponytail.
Tomorrow the day is a bag of sweets.
Only then will the day be a mystery again.

This takes away his fear.
Let the numbers count,
The soulless variables.

And the existence not understood
Rides along with him in his breast-pocket.
He is starting to know himself.

Able to direct perception,
To make believe, his mask, in a dream,
To paint, to test.

Colours of war, colours of summer,
Red for the everyday, blue to match,
And the notion is yellow.

He has no country, no stables,
He has no little stool of invisible gold,
He has no birds in the sun lounge.

Zichzelf in bruikleen,
Die vermoedens in de rondte,
Verzameling van borstels.

Schema heeft hij, karakter,
Oogappel, maar zijn oogappel weet niet
Van de vete tussen derden.

Zoals de reiniger van gevels
Zichzelf ontmaskert, opbouwt,
Zoals de dag geboren wordt.

Hij hoort zijn naam fluisteren,
Trekt aan zijn oor,
Krabt aan zijn neus.

Hij heeft verlies geleden,
Daden berouwd, aan zin getwijfeld,
Zijn leven op het spel gezet,

Met gruis versierd.
Er zullen andere gevels komen,
Nieuwe stellages, nieuwe steigers.

Hij zal alleen zijn
Met zijn begrippen onbegrepen,
Zoals de dag geboren wordt.

Himself on loan,
Those inklings in the round,
Collection of brushes.

He has a timetable, character,
Apple of his eye, but his apple is not aware
Of the feud between third parties.

Just as the cleaner of gables
Unmasks himself, sets up,
Just as the day is born.

He hears his name whispered,
Tweaks his ear,
Scratches his nose.

He has suffered loss,
Mourned actions, doubted sense,
Put his life at risk,

Decorated with grit.
There will be other gables,
New platforms, new scaffolds.

He will be alone
With his notions not understood,
Just as the day is born.

from
THE DREAMING HOUR (1996)
HET UUR VAN DE DROOM

GEDICHT VOOR EEN KAMEEL

Morgen is de dag van de kleine dingen,
Van de speld en de gele verf.
Je zult je blij voelen.

Morgen is de dag van de heel kleine dingen,
Van de druppeltjes en het koord.
Je zult vriendschap voelen.

Morgen is de dag van geslenter
Langs de vrucht van schaduwen.
Kom er niet aan.

Morgen is de dag van de liedjes
Die in het geheim worden gezongen.
Je zult zingen met de juwelier.

Morgen is de dag van de kleine jongens
En hun abstracte lawaai in de straten.
Spits je oren.

Ze roepen: 'Leve de mooiste markt van de wereld!'
Ze roepen: 'Zo eeuwig zijn de rotsen van trouw!'
Ze roepen: 'Als je ijdel bent, ga dwalen!'

POEM FOR A CAMEL

Tomorrow is the day of the small things,
Of the pin and the yellow paint.
You will feel happy.

Tomorrow is the day of the very small things,
Of the droplets and the cord.
You will feel friendship.

Tomorrow is the day of sauntering
Past the fruit of shadows.
Don't touch it.

Tomorrow is the day of the songs
That are sung in secrecy.
You will sing with the jeweller.

Tomorrow is the day of the little boys
And their abstract noise in the streets.
Prick up your ears.

They shout: 'Long live the nicest market in the world!'
They shout: 'So eternal are the rocks of loyalty!'
They shout: 'If you're vain, go astray!'

MINIATUUR VOOR DÉSIRÉE

Tiri tiri tiri tran tran trai,
De klokken zijn stil.
De wind geeft me een kus
Terwijl mijn ogen huilen.

De klokken zijn stil.
Rood is het lint in het lichaam
Van een elegante liefde.
Waarom huilen mijn ogen?

De klokken zijn stil.
Schoonheid, een kilo tomaten
En die meloen zou ik willen!
Want ik ruik de lange weg.

De klokken zijn stil.
De kinderen jagen op vogels
En de mond bedekt een stuk marmer.
Alleen de ruwe stem.

De klokken zijn stil.
Kijk, de mieren veranderen in sterren!
De weg getooid in veren
Kent pijlen van bloed.

De klokken zijn stil.
Waar lach je om, schoonheid?
Om de man die de tanden
Van zijn ezel laat zien?

De klokken zijn stil.
Rood is het lint in het lichaam
Dat blij is zoals het uitkomt.
Ik kus de wind.

MINIATURE FOR DÉSIRÉE

Tiri tiri tiri tran tran trai,
The clocks are silent.
The wind gives me a kiss
While my eyes are crying.

The clocks are silent.
The ribbon red in the body
Of an elegant love.
Why are my eyes crying?

The clocks are silent.
Beauty, a kilo of tomatoes
And that melon is what I want!
For I smell the long road.

The clocks are silent.
The children hunt for birds
And the mouth covers a chunk of marble.
Only the coarse voice.

The clocks are silent.
Look, the ants are changing into stars!
The road adorned with feathers
Bears arrows of blood.

The clocks are silent.
What makes you laugh, gorgeous?
The man who shows
The teeth of the donkey?

The clocks are silent.
The ribbon red in the body
Is happy the way it works out.
I kiss the wind.

FILON EN IK

Restanten van een schietpartij
Om je liefje te imponeren, om jou,
Filon, draaien vele schimmen.
Soms een schaamte.
Soms een zucht.
Soms een trilling, soms een succesje.
Soms is er een wesp.
Om de pijn te verachten krab je,
Teneinde te worden tot iets vaags,
Teneinde jezelf te aanvaarden.
Maar een schim draait al om jou.

Vandaag ben ik onredelijk.
Onredelijk opgestaan, dito gekleed.
Misschien verdwaald in het alfabet.
Misschien op zoek naar een compliment.
Misschien geroerd door een voetstap,
Kortstondig.

Onredelijk is vandaag mijn gevoel.
Onredelijk is vandaag mijn ambitie,
En wat ik zie van het reeds geziene
Komt uit mijn onredelijke mouw.

Blijf daarom waar je bent, Filon.
Je argumenten zijn slechts gestamel
En je neus is dik,
Je mond, je tong, allebei dik,
Je hand, je pols, even dik.
Blijf staan, dan bekijk ik je eens onredelijk.

Want af en toe hoor je het getik
Van dunne schoenen op de trap.
Het is de tijd die thuiskomt,
Chrysant in zijn knoopsgat.

FILON AND ME

All that's left of a shooting
To impress your love, many shadows,
Filon, revolve around you.
Sometimes shame.
Sometimes a sigh.
Sometimes a vibration, sometimes a success.
Sometimes there's a wasp.
To despise the pain you scratch,
In order to become a vagueness,
In order to accept yourself.
Yet a shadow already revolves around you.

Today I am unreasonable.
Got up unreasonable, dressed ditto.
Perhaps lost in the alphabet.
Perhaps looking for a compliment.
Perhaps moved by a footstep,
Briefly.

My feelings are unreasonable today.
My ambitions are unreasonable today.
And what I see of what's been seen
Comes from my unreasonable sleeve.

Therefore stay where you are, Filon.
Your arguments are just stammering
And your nose is fat,
Your mouth, your tongue, both fat,
Your hand, your wrist, equally fat.
Stay put, and I'll take an unreasonable look at you.

For now and then you hear the tapping
Of fine shoes on the stairs.
It is time coming home,
Chrysanthemum in its buttonhole.

En af en toe ontwaak je
Uit een betoverende weemoed,
Niet wetend of je droomde.
Tijd is stom. Wond is stom.

En af en toe denk je
Dat je tot veel in staat bent.
Omdat je veel mensen spreekt,
Omdat je hart groot is.

Nee, ik heb vandaag geen zin
Om te denken, behalve onredelijk,
En ik zie dat om jou een schim draait,
Om jou en je zuinige stem,
Om jou en je magere gevolg,
Om jou en je ijle houvast.

Of je 's avonds moe naar huis gaat,
Of je weigert open te doen en diamanten verstopt,
Of je plannetjes maakt, een pleister knipt,
Of je nog gauw in je broekzak voelt,
Je zult nooit zijn als de tijd
Op de trap, eindeloze trap.
Er draait een schim om je heen.
Dak lekt, deur klemt, adem stokt.
Niet bang zijn, Filon, niet doen.

De uren zijn er, de wolken zijn er,
Zeker, ook je initialen en gebreken.
Waaraan ben je voorbijgegaan?
En heb je nog wat gestolen?

Je bent verachtelijk noch kleurloos:
Een klaproosje om dat te vieren!
Ook de natuur draait om je heen.
Heelal scheurt, ster valt, ijs smelt.
O ontzagwekkende zeeën in de ziel,
Belofte van anonimiteit!

And now and then you wake up
From an enchanting woefulness,
Unaware whether you were dreaming.
Time is dumb. Wound is dumb.

And now and then you think
You are capable of so much.
Because you speak to many people,
Because your heart is big.

No, today I don't feel like
Thinking, except unreasonably,
And I see that around you a shade revolves,
Around you and your frugal voice,
Around you and your meagre following,
Around you and your tenuous grip.

Whether you go home tired at night,
Whether you refuse to open up, hiding diamonds,
Whether you make plans, cut a plaster,
Whether you just have a quick feel in your pocket,
You will never be like time
On the stairs, endless stairs.
A shadow revolves around you,
Roof leaks, door jams, breath stops.
Don't be scared, Filon, just don't.

The hours are here, the clouds are here,
Sure, even your initials and shortcomings.
What did you disregard?
And was there anything you stole?

You are neither despicable nor bland:
A poppy to celebrate the fact!
Even nature revolves around you.
Galaxy tears, star falls, ice melts.
O awe-inspiring seas in the soul,
Promise of anonymity!

Ondanks je immense talent,
Ondanks je immense borstkas
En ondanks je immense gevloek
Raak je de natuur niet kwijt, Filon,
Want ook de natuur is een schim.
Van grasveldje, worm, merel.
Van huid, eelt, tanden.
Van ontmoeting, wens, lucht.
Met cycloonogen.

En de geschiedenis draait om je heen,
En de lippen van je liefje willen antwoord,
En straks doe je nog iets stoms.
Waarom wen je niet aan die schim van je?
Waar is je geharde lach?

Laat maar. Geen moeite.
Elke uitleg: trottoir met hond.
Elke hond: staartdeling in concreto.
Elk trottoir: vlucht naar binnen.
De nacht is kort,
De dag korter, maar lang genoeg.
Je hebt al een schat aan ervaring opgedaan,
Geaarzeld en zelfverzekerd je keuze gemaakt.
Niet dat potlood daar, nee, dit.
Geen sigarettenkoker, niet gindse herrie.
Je hebt een das en leeft rustig,
Maar die schim zit je niet lekker.

Ik zeg onredelijk veel, met
Slecht gekozen woorden, alsof
Ik onredelijk weinig te zeggen heb.
Terwijl anderen aan het eten zijn,
Terwijl anderen aan het ontdekken zijn,
Terwijl anderen aan het moorden zijn.
En hun auto wassen. Bougietje vervangen.
En naar de sterren kijken. Voorbijgaan.
En wijsheid verkopen. Mompelend.

Bijna ging ik zeggen
Dat om jou, Filon, de hele wereld draait,
Maar hoor eens, is dat niet de eindeloze trap?

Despite your immense talent,
Despite your immense chest
And despite your immense curses
You can't shake off nature, Filon,
For nature is also a shadow.
Of grass-plot, worm, blackbird.
Of skin, callus, teeth.
Of meeting, wish, air.
With cyclone eyes.

And history revolves around you,
And your lover's lips want an answer,
And you might just do something dumb.
Why don't you get used to your shadow?
Where is your hardy laugh?

Leave it. No trouble.
Any explanation: dog on pavement.
Any dog: long division in reality.
Any pavement: flight inside.
The night is short,
The day shorter, but long enough.
You've gained a wealth of experience,
Hesitated and made a confident choice.
Not that pencil there, no, this one.
Not a cigarette case, not yonder racket.
You've got a scarf and live quietly,
But that shadow follows you around.

I say an unreasonable amount, with
Badly chosen words, as if
I have unreasonably little to say.
While others are eating,
While others are discovering,
While others are murdering.
And washing their cars. Changing a plug.
Watching the stars. Pass by.
And sell wisdom. Mumbling.

I was almost going to say,
Filon, that the world revolves around you,
But listen up, aren't those the endless stairs?

IJzeren regelmaat dan?
Vernikkeld hart misschien?
Zal wel een vliegtuig zijn, je hebt gelijk,
Op eenzame hoogte, al bijna vergeten.

Ben jij bang om te vergeten?
Ben je bang om niets te leren van wat is voorafgegaan?
Aan jou, je werk, je smaak?
Je brievenbus, je tred, je hoop?
Was ik maar door en door onredelijk!
Was ik vandaag maar zonder rede, in alle toonaarden!
Ik weet niet waarom, ik ben moe.

Dromen, daar heb ik zin in,
Dromen en leven tegelijk, verweven,
Met illusies, zonder illusies,
En aldus aanvaarden dat het mogelijke mogelijk is,
Betekenis sprakeloos, wesp wesp, of schim daarvan,
En dat wat om je heen cirkelt, Filon,
Onopgemerkt door jou gezelschap zoekt.

Deur gaat open.
Het is de tijd,
Chrysant in zijn knoopsgat.

Iron regularity then?
Nickel-plated heart perhaps?
Has to be an aeroplane, right you are,
At unequalled height, almost forgotten.

Are you afraid to forget?
Are you afraid not to learn from what went before?
You, your work, your taste?
Your letterbox, your gait, your hope?
If only I was utterly unreasonable!
If only I was without reason today, in every sense!
I don't know why, I am tired.

To dream, that's what I'd like,
To dream and live at once, intertwined,
With illusions, without illusions,
And so accept that the possible is possible,
Meaning speechless, wasp wasp, or shadow thereof,
And that what revolves around you, Filon,
Is looking for company unnoticed.

Door opens.
It is time,
Chrysanthemum in its buttonhole.

from
EVEN IF IT ISN'T SO (1998)
OOK AL IS HET NIET ZO

ZIBES EN IK

Bril afgezet toen ik vier was.
Resultaat: een loensend oog
Dat constant geluk heeft gebracht.

Mijn overbuurman Zibes
Die ernaar streeft een oase te zijn,
Oase voor wie de tragiek van de verte wil vergeten
En behoefte heeft aan zoet gebak,
Die Zibes met zijn kippen,
Tuintje en kolossale hart,
Die heeft me geleerd
Mijn geluk te beleggen
In wisselende fondsen.

Ik heb nu vele stadia
Van wisselend geluk doorlopen.
Soms was ik gelukkig op het krankzinnige af,
Soms slechts gelukkig omdat ik sliep.
Ik gaf anderen een buitenhuis, een glas bier, een kus,
En als dank schonk ik Zibes een geheim,
Iets onrustigs maar ontleend aan rust,
Iets zonder wil, zonder huid, zonder streepje,
Geheim dat ik niet ken.

ZIBES AND ME

Took off my glasses when I was four.
Result: a squinting eye
That has brought constant happiness.

My neighbour across the road Zibes
Whose goal it is to be an oasis,
Oasis for those wishing to forget the tragedy of distance
And having a need for sweet cake,
That Zibes with his chickens,
Little garden and colossal heart,
He taught me
To invest my happiness
In variable funds.

I have now passed through
Many stages of variable happiness.
Sometimes I was happy to the point of madness,
Sometimes only happy because I was asleep.
I gave others country houses, a pint of beer, a kiss,
And in gratitude I granted Zibes a secret,
Something restless but derived from rest,
Something without will, without skin, without stripes,
Secret I do not know.

POËZIE DOOR EEN WERELD DOOR EEN POËZIE

Ninye bún,
Ninye bún is een term
In een van de honderden Papoeatalen.
Ninye bún, ik kan dagen bladeren,
Dagen klimmen en dalen en sluipen
In dat ene dal, het boek dat Ninye bún heet,
Mythen, verhalen, liedjes en sprookjes,
Deel van een uitgebreide Duitse reeks
Waarvan ik inmiddels drie andere delen heb gekocht,
Woordenboek, boek met luchtfoto's en boek over de
                                        dierenwereld
In dat leven.

Yalenye kwat bisik dongobranamuk.

Een jaar of tien geleden
Is het dal getroffen door een aardbeving,
De resterende poëzie spreekt christelijke zinnen.
Ik koop niet alle delen van de reeks,
Ik hoef niet alles te lezen,
Niet alles te zien.
Gisteren was ik alweer in Mongolië.

De wereld is groter dan Nederland
En ik lees wat me van pas komt,
Ik lees wat uitermate evenwichtig is,
Lees wat onevenwichtig en schokkend is,
Lees wat ruw en sentimenteel en vrolijk is,
Lees kortom wat mooi is,
Lees wat zingt zonder woorden
En associaties controleert.

Leve degenen die zeggen dat poëzie haar wortels moet tonen!
Leve degenen die voorbij de boomgrens het
                            tegenovergestelde beweren!
Leve degenen die pijn lijden in het niemandsland daartussen!
Ninye bún, met jou voel ik me verwant,
Zo is het.

POETRY THROUGH A WORLD THROUGH A POETRY

Ninye bún,
Ninye bún is a phrase
In one of hundreds of Papua languages.
Ninye bún, I could turn the pages for days,
Days of climbing and descending and creeping
In that one valley, the book by the name of Ninye bún,
Myths, stories, fairy tales and songs,
Volume in an extensive German series
Of which I have already bought three other volumes,
Dictionary, book with aerial pictures and one on the
                                        animal world
In that life.

Yalenye kwat bisik dongobranamuk.

Some ten years ago
The valley was struck by an earthquake,
The remaining poetry speaks Christian lines.
I won't buy all the volumes in the series,
I neither have to read everything,
Nor see everything.
Yesterday I was in Mongolia again.

The world is larger than the Netherlands
And I read what may be useful,
I read what is wholly balanced,
Read what is unbalanced and shocking,
Read what is rough and sentimental and cheerful,
In short read what is beautiful,
Read what sings without words
And inspects associations.

Long live those that say poetry must show its roots!
Long live those that claim the opposite beyond
                                        the tree line!
Long live those that suffer in pain in the no man's land in between!
Ninye bún, it is you I feel close to,
That's the way it is.

Zo is het, ook al is het niet zo.
Gisteren voelde ik me vooral verwant met de stem
Die op een cassette Mongoolse woorden sprak,
Ofschoon ik geen idee had welke.
Morgen loop ik door de streek waar men Bobo spreekt,
In mijn plastic tas het woordenboek Thai-Chinees,
                                    dat ik van Bernard kreeg,
En een grammatica van het Saliba,
Zonder begrip, zonder kennis.

Maar ik hoef niet alles te weten
En nog minder kan ik begrijpen.
Ik zal de wereld niet compleet bereizen,
Noch zal ik alle talen willen horen.
De poëzie die op deze wereld geschreven is en wordt?
Ik zal er lachwekkend weinig van tot me nemen.
Een mespuntje, of vermoeden, of minder nog.

Leve degenen die stellen dat in romans de beste poëzie voorkomt
En dat de beste romans in de natuurwetenschappen
                                    worden geschreven!
Vraag me wat mijn plaats is en ik zeg: Delft.
Maar ik verlang naar andere plaatsen.
Vraag het me nog een keer, met klem,
En ik mompel: geboren en getogen.
Een ander had hetzelfde gedaan.

Mijn linkeroog loenst gekwadrateerd,
Het rechter corrigeert zijn dwalingen.
Samen zien ze dat de werkelijkheid van vlakte en heuvel,
Van oceaan en wind, van stad en industrieterrein
Soms aantrekkelijk is, soms niet.
Soms zonder adjectief, soms met.
Misschien zien dat ook de ogen van de dichters
                                    wier werk mij minder zegt
Dan het steeltje van een kers
Of de tune van het journaal.
Misschien zien dat ook de ogen van de dichters wier
                                    werk zegt
Wat niet gezegd kan worden,
In een woordenloze schreeuw,
Schreeuw die muziek wordt.

That's the way it is, even if it isn't.
Yesterday I felt especially close to the voice
That spoke Mongolian words on a tape,
Although I had no idea which ones.
Tomorrow I will walk through the country where they speak Bobo,
In my carrier bag the dictionary Thai-Chinese,
                              that Bernard gave me,
And a grammar of Saliba,
Without understanding, without knowing.

But I don't have to know everything,
And I can understand even less.
I will neither travel the entire world,
Nor do I want to hear every language.
The poetry that is and will be written in this world?
I will only take in a laughably small amount.
A pinch, or hint, or even less.

Long live those who claim the best poetry occurs in novels
And that the best novels are written in the
                              physical sciences!
Ask me what my place is and I'll say: Delft.
Yet I long for other places.
Ask me again, emphatically,
And I'll mumble: born and raised.
Another would have done the same.

My left eye squints to the squared degree,
The right one corrects its deviations.
Together they see that the reality of plain and hill,
Of ocean and wind, of city and industrial estate
Is sometimes attractive, sometimes not,
Sometimes without adjective, sometimes with.
Perhaps this is also what the eyes of the poets see
                              whose work says less to me
Than the stem of a cherry
Or the tune of the news.
Perhaps this is also what the eyes of the poets see
                              whose works says
What cannot be said,
In a wordless scream,
Scream turning into music.

Deze bonkt, die fluistert.
Deze hier kraakt, die daar jankt.
De wereld is groter dan Nederland
En de poëzie van de wereld telt meer lettergrepen
Dan de poëzie.
Wat mijn poëzie betekent?
Wat mijn poëzie van plan is?
Welk standpunt ze inneemt?
Met wie ze bevriend is?

Yalenye kwat bisik dongobranamuk.

Met huidige ogen gaat mijn poëzie
Door de straten van Delft.
Ze maakt een praatje
En steekt een hand op.

Of ze een internationaal karakter heeft?
Familie is van ritmische poëzie uit Togo?
Ze weet het niet en kan het niet weten.
Ik houd haar kort.

De wereld is groter dan Nederland
En de wereld telt meer goede dichters.

This one thumps, that one whispers.
This one here cracks, that one there howls.
The world is larger than the Netherlands
And the poetry of the world amounts to more syllables
Than the poetry.
What my poetry means?
What my poetry means to do?
Which point of view it takes?
Who it is friends with?

Yalenye kwat bisik dongobranamuk.

With current eyes my poetry passes
Through the streets of Delft.
It makes conversation
And raises a hand.

Whether it has an international character?
Is related to the rhythmic poetry of Togo?
It doesn't know and cannot know.
I keep it well in hand.

The world is larger than the Netherlands
And the world has more good poets.

ROMANTISEREN

Een gewaad gaat over de kade, een beeldschoon
                           gewaad gaat over de kade.
Gemaakt van goudkleurige stoffen, met onbetaalbare
                                  diamantjes bezet.

Alle mannen met dromend hart, alle mannen met verwrongen hart,
Alle mannen met het stoere hart, het gespierde hart, daar gaan ze!
Met bakkebaarden, snorren, sluwe ogen, fantasievolle ogen,
Terwijl de accu's worden opgeladen, boten van brandstof voorzien,
Terwijl het krassen en kakelen en snateren en lachen wegsterft,
Terwijl verlokkingen en afwijzingen gekooid aan land worden gezet,
Met zijn tweeën, met zijn vieren, o fenomenale slingerbeweging!,
Alle mannen met lange en korte benen, alle mannen met ringen,
In die kakofonie van scheurende, dreunende, snerpende daden,
Alle vrouwen van de buitendienst, alle vrouwen in gangen,
Alle vrouwen met krachtige polsen, vrouwen die geuren
Naar een verte, een onzichtbare ruimte, fluorescerend,
O, het krioelen en kronkelen van schouders en stemmen,
En het draaien en knarsen van sobere zolen, in stilte,
En de *Texas* met sauna en kokende feestzalen,
En het dansen van kade, loods, deur en vrachtwagen,
En het branden van getatoeëerde voorstellingen
Omdat de tijd elke huid grondig schuurt, aha,
Daar gaan ze! Mannen, vrouwen, dag na dag,
Op verzoek ook in de maneschijn!

ROMANTICISING

A gown goes across the quay, a beautiful gown goes
                                                                    across the quay.
Made of gold-coloured fabrics, set with priceless
                                                little diamonds.

All the men with dreaming hearts, all the men with twisted hearts,
All the men with the brave heart, the sinuous heart, there they go!
With sideburns, moustaches, cunning eyes, imaginative eyes,
While batteries are being charged, boats filled with fuel,
While the scratching and cackling and gabbling and laughing dies down,
While flirtations and rejections are put ashore in cages,
In twos, in fours, o phenomenal pendulum!,
All the men with long and short legs, all the men with rings,
In that cacophony of ripping, booming, screeching deeds,
All the women on field duty, all the women in the hall,
All the women with forceful wrists, women that smell
Of the distance, an invisible space, fluorescent,
O, the bristling and twisting of shoulders and speeches,
And the turning and grinding of plain soles, in silence,
And the *Texas* with sauna and teeming party halls,
And the dancing of quay, warehouse, door and lorry,
And the burning of tattooed depictions
Because time sands every skin thoroughly, aha,
There they go! Men, women, day after day,
Even, if so desired, in the moonlight!

TERUGTOCHT

Soms zoek ik vroege rozen
In de woestijn van alledag.
Soms zoek ik late rozen
In de tuin van mijn jeugd.

En tussendoor ga ik soms
Nieuwsgierig naar het ezeltje
Dat tijdloos in zijn weiland staat.
Tot verdriet van de planoloog.
Tot ergernis van de golflobby.
Tot woede van het wegennet.

Ik wil van hem geen antwoord
Op mijn nutteloze vragen.
Voer slechts voor wolkendek
En loodkleurig water.

Ik wil van hem begrip noch klacht.
Zijn vale hoed kan me gestolen worden!
En evenmin heb ik behoefte aan een les
In soort en kwaliteit van gras.
Hij is het ezeltje, al is hij mager,
Dat de vooruitgang tegenhoudt.

Maar graag kreeg ik
Van hem een groet,
Een groet van rust, van verte
En nabijheid, geheime groet
Die in ons zou onthullen
De feitelijke roos voorafgaand aan de fantasie.

Sentimenteel. Grof.

RETURN JOURNEY

Sometimes I seek early roses
In the desert of the everyday.
Sometimes I seek late roses
In the garden of my youth.

And in between I sometimes go
Curiously to the little donkey
That timelessly stands in its field.
To the sorrow of the town planner.
To the annoyance of the golf lobby.
To the anger of the road system.

I do not want an answer from him
To my useless questions.
Food only for cloud cover
And water the colour of lead.

I want neither understanding nor complaint from him.
His faded hat can get lost!
Nor do I need a lesson
In kind and quality of grasses.
He is the little donkey, although skinny,
That prevents development.

I'd be only too happy
With a greeting from him,
A greeting of rest, of distance
And closeness, secret greeting
That would disclose in us
The factual rose preceding the fantasy.

Sentimental. Coarse.

SPROOKJE

Er was eens een bankier
Die om verkeerde redenen
Bankier was geworden.
Hij raadpleegde, in zijn honger
Naar melancholieke rechtvaardiging,
Een appelboom en een vaatchirurg en een doosje.
Alledrie even melancholiek,
Maar vanbinnen zo voldaan
Dat de bankier het onrechtvaardig vond.

Zevenendertig vlinders
En zevenendertig flessen wijn
En zevenendertig gevouwen lakens
En zevenendertig buskaartjes
En zevenendertig goudstaven
En zevenendertig vuren
En zevenendertig oprispingen later
Ging hij in zijn hangmat liggen
Om zevenendertig redenen.

FAIRY TALE

There once was a banker
Who for all the wrong reasons
Had become a banker.
He consulted, in his hunger
For melancholy vindication,
An apple tree, a vascular surgeon and a box.
All three equally melancholy,
Yet so satisfied inside
That the banker felt wronged.

Thirty-seven butterflies
And thirty-seven bottles of wine
And thirty-seven folded blankets
And thirty-seven bus tickets
And thirty-seven bars of gold
And thirty-seven fires
And thirty-seven belches later
He lay down in his hammock
For thirty-seven reasons.

MANVARIER EN IK

Wie op zo'n manier het dreunen van de wereld hoort,
Lach of niet, o ja en veronderstelt dat hij vliegt,

Het glijden van slangen hoort, uitdijende wolken,
In een kloof de roep van een kwetsbare vogel,

Het dwarrelen, onomkeerbaar, van miljoenen raadsels,
De zwijnen ziet vertrekken en vluchten en sterven,

De kolossale leegte door een bliksemschicht gevuld,
Kleine bladeren, de groei van zoete aardappels,

Raad eens wie, wie op zo'n manier, wie hier…
Wie daar misschien, tussen klare slierten van schemer,

Schreeuwend rondloopt, verlangend naar een vrouw,
En het karakter van de bijl ziet, op zo'n manier,

Terwijl de grond huivert, tot aan de horizon in de diepte,
Terwijl de wind oude wegen verslindt, zo en zo en zo,

En plotseling een hand opsteekt om vrienden te waarschuwen,
En het succes van een pijl kan voelen en voelt, van verre,

En op zo'n eigenwijze manier rode bloemen ziet, ha!,
De bedwelmde insecten, het einde op de drempel ziet,

Met geschenken om honger en dorst te kalmeren,
Elk begin van elk leven, de zon vliegend als hij, o!,

Wie zo de woede van de bergen ruikt, van de rivier
Die 's ochtends kolkt en 's middags sluipt,

O ja, de woede van de wereld hier en daar ruikt,
Zijn schouders ophaalt, de neus van zijn voorouders,

En blijft jagen, in steeds groter wordende cirkels,
Blijft jagen, met een grimas van pijn en vuren, wie!,

MANVARIER AND ME

Who hears the pounding of the world that way,
Laugh or don't, o yeah and assumes he flies,

Hears the slithering of snakes, expanding clouds,
In a rift the call of a vulnerable bird,

The flutter, irreversible, of millions of riddles,
Sees the swine leave and flee and die,

The colossal void filled by a bolt of lightning,
Small leaves, the growth of sweet potatoes,

Guess who, who that way, who here…
Who there perhaps, between clear strings of twilight,

Walks round screaming, longing for a woman,
And sees the character of the axe that way,

While the earth trembles, up to the horizon into the depths,
While the wind devours old roads, like that and that and that,

And suddenly raises a hand to warn friends,
And can and does feel the success of an arrow, from far away,

And in such a precocious way sees the red flowers, ha!,
The intoxicated insects, sees the end on the threshold,

With gifts to calm hunger and thirst,
Every beginning of every life, the sun flying like him, o!,

Who so smells the anger of the mountains, of the river
That churns in the morning and crawls in the afternoon,

O yeah, smells the anger of the world here and there,
Shrugs his shoulders, turns up the nose of his elders,

And keeps hunting, in ever expanding circles,
Keeps hunting, with a smirk of pain and fires, who!,

Wie op zo'n eigenwijze manier de wereld ervaart,
Terwijl de maan hem voorgaat in de jacht, onbereikbaar,

En de laatste cirkel de bosrand bereikt, zijn bron,
Zijn droom, zijn tijd, o wie daar en daarbuiten jaagt,

Blijft jagen, struikelend van wellust, de vlakte betreedt,
Waar de grassen hun adem inhouden onder zijn besliste tred,

En op de wereld jaagt met zijn glooiende zintuigen, ha!,
Terwijl hij fluistert en gilt, wie dat op zo'n manier kan,

Kan en doet, daar en hier, jagen om het rijke gevecht,
De grote strijd, om zijn zintuigen dag en nacht te beproeven,

Nou en!, om de banden aan te halen, tussen wereld en maag,
Wie zo jaagt en strijdt, is alleen, en alleen Manvarier.

Who in such a precocious way experiences the world,
While the moon leads him on the hunt, unreachable,

And the last circle reaches the edge of the wood, his source,
His dream, his time, o and hunts there and beyond,

Keeps hunting, tripping up with lust, treads the plain,
Where the grasses hold their breath under his decided tread,

And hunts the world with his undulating senses, ha!,
While he whispers and yells, who can do it like that,

Can and does, there and here, hunt for the splendid fight,
The great battle, to test his senses both day and night,

So what! to tighten the bonds, between world and stomach,
Who so hunts and fights, is alone, alone Manvarier.

OUD EN NIEUW

Er zijn mensen die zeggen
Dat alles om de economie draait.
Dus ook vlo, vlooienplaag, maan.

Er zijn mensen die zeggen
Dat alles om de liefde draait.
Dus ook geit, geitenmelk, wind.

Omdat ik dat alles niet begrijp
Met mijn toevallige logica,
Omdat ik het evenmin begrijp
Met andermans redeneringen,
Laat staan met een definitief brein,
Neem ik me voor, serene geste,
Het verlangen naar begrip
Op zolder te leggen.

Er zullen mensen zijn die zeggen
Dat alles om begrijpen draait.
Dus ook vlooienplaag. Dat is in orde.

Er zullen mensen zijn die zeggen
Dat alles om het unieke draait.
Dus ook vlo. Bewijs van goed gedrag.

Er zullen mensen zijn die zeggen
Dat alles bij het oude is gebleven.
Dus ook de toekomst. Het spijt me.

OLD AND NEW

There are people who say
It all revolves around the economy.
So also flea, plague of fleas, moon.

There are people who say
It all revolves around love.
So also goat, goat's milk, wind.

Because I don't understand it all
With my coincidental logic,
Because I understand as little
From another's discourses,
Let alone with a firm brain,
I intend, o serene gesture,
To shelve the desire
For understanding.

There will be people who say
It all revolves around understanding.
So also plague of fleas. That's fine.

There will be people who say
It all revolves around the unique.
So also the flea. Proof of good conduct.

There will be people who say
It has all stayed exactly the same.
So also the future. I'm sorry.

from
THE HISTORY OF
AN ENUMERATION (2000)
DE GESCHIEDENIS VAN EEN OPSOMMING

STUK OF WAT MENSEN

Nummer 1 heeft wangen
Die de dagen draaglijk maken
Met hun wantrouwen, en nummer 2
Brengt ter verdeling van rijkdommen
Een bonte en buitenissige nier in, en
Nummer 3 is in het bezit van handen,
Dragers van het meningsverschil tussen
De wind en de wolken, en nummer 4
Zorgt met een stelletje knokige oren
Voor de afsluiting van het mysterie,
En nummer 5, de vrek, de gek, de lepe,
De jaloerse ook, dient met zijn heupen
Het sinister lachen om problemen,
En nummer 6, met wandelende rib,
Neemt vaderlandsliefde en grofheid
Voor haar rekening, en nummer 7
Is door een broze hiel de leverancier
Van alle onbenullige misverstanden,
En nummer 8 heeft de oogopslag
Voor het herkennen van de mode,
En nummer 9 biedt een long aan
Voor het inademen van wanhoop
En nummer 10 doneert met gemak
De hoeveelheid somber bloed,
Nodig voor het opgaan in geloof.

Nu een tiental, straks een saluut,
Maar wanneer, maar wanneer?

110

A NUMBER OF PEOPLE

Number 1 has the cheeks
That make the days bearable
With their distrust, and number 2
Puts a piebald and peculiar kidney in
For the distribution of wealth, and
Number 3 is in possession of hands,
Bearers of the difference of opinion
Between the wind and the clouds, and
Number 4, with a set of knobbly ears
Finds the solution to the mystery,
And number 5, miserly, mad, sly,
Jealous too, serves with his hips
The sinister laughing about problems,
And number 6, with a floating rib,
Is responsible for patriotism
And coarseness, and number 7
Is, by having a fragile heel, the supplier
Of all silly misunderstandings,
And number 8 has an eye for
Recognising the latest fashion,
And number 9 offers up a lung
For the breathing in of despair,
And number 10 donates with ease
The amount of gloomy blood,
Needed to lose oneself in belief.

Now ten, later a salute,
But when, but when?

SAMBA

Vorig jaar verzond ik vier brieven.
Eentje aan de ijskoningin van het Noorden,
Eentje aan de peperkoning van het Oosten,
Eentje aan de ijskoning van het Zuiden,
Eentje aan de peperkoningin van het Westen.

Ze antwoordden gezamenlijk:
Bij ons aan het verkeerde adres,
Je moet onze vertegenwoordigers hebben.

Daarom verzond ik ook dit jaar vier brieven.
Eentje aan de gemeenste ram van de lente,
Eentje aan de draaierigste leeuw van de zomer,
Eentje aan de zachtste schorpioen van de herfst,
Eentje aan de moedigste vis van de winter.

Onlangs viel er een bericht uit mijn kast,
Afkomstig van het kaartspel:
Kleuren denken graag voor je na.

Daarom verzend ik ook volgend jaar vier brieven.
Eentje aan de zes van klaver,
Eentje aan de aas van harten,
Eentje aan de drie van ruiten,
Eentje aan de schoppen tien.

Gezwicht voor bluf
Zal ik met lege handen blijven zitten
En me overgeven aan de pijn van de wereld.

Deze mogelijkheden zie ik dan nog
Om mijn onderneming te redden:
Interne post verzenden, niets meer schrijven,
Studeren op verzamelingenleer of veranderen van getal
Hoewel evangelisten, grootouders en elementen van me dromen.

SAMBA

Last year I sent four letters.
One to the ice queen of the north,
One to the pepper king of the east,
One to the ice king of the south,
One to the pepper queen of the west.

They answered all at once:
You've come to the wrong address,
You want our representatives.

So this year I once again sent four letters.
One to the meanest ram of spring,
One to the dizziest lion of summer,
One to the softest scorpion of autumn,
One to the bravest fish of winter.

Recently a note fell from my cupboard,
Belonging to a pack of cards:
Colours love to do your thinking for you.

So next year, too, I'll send four letters.
One to the six of clubs,
One to the ace of hearts,
One to the three of diamonds,
One to the ten of spades.

Yielded to bragging
I'll remain with empty hands
And surrender myself to the world's pains.

Still I can see these possibilities
To salvage my venture:
Send internal post, not write any more,
Study set theory or change the number
Though evangelists, grandparents and elements dream of me.

Ik zal begrijpen dat ik gek en gewelddadig ben.
Daarom verzend ik ook het jaar erop vier brieven,
In alle kalmte, in alle rust.

Eentje aan Bellini van 1958,
Eentje aan Gilmar van 1962,
Eentje aan Alberto van 1970,
Eentje aan Dunga van 1994.

I'll understand I'm mad and violent.
So I'll also send four letters the year after,
Very calm and very peaceful.

One to Bellini from 1958,
One to Gilmar from 1962,
One to Alberto from 1970,
One to Dunga from 1994.

QUINTA DAS ESMOUTADAS, VOOR EMA

Een zee oversteken is identiek
Aan de eer van jouw familie,
De wasmachine en de ezel
En de musculatuur van wolken.

Precies zoals de wasknijper niet
Identiek is aan de vraag gesteld
Door een teruggekeerde kosmonaut,
Zo is het ook met nerf en staart.

Voor de goede orde dient gezegd
Dat een twijgje van de druivenboom
Een perfect en uiterst wapen is.

De wijzers in de aarde draaien
Immers met wisselende snelheid
En schermen niet om iets identieks.

QUINTA DAS ESMOUTADAS, FOR EMA

To cross a sea is identical
To the honour of your family,
The washing machine and the mule
And the musculature of clouds.

Exactly the way the clothes-peg is not
Identical to the question posed
By a returning cosmonaut,
So it is with vein and tail.

In all fairness it must be said
That a twig from a grapevine
Is a perfect and extreme weapon.

The indicators in the earth
After all, turn at variable speed
And don't vie for anything identical.

VOOR YANG LIAN (1)

Dit is het huis van de krokodil.
De bootjes kapseizen hier,
De tongen verdrogen hier.
De bomen sturen de zon
Langs dodelijke oevers.

In mijn borst bevindt zich een vlieg.
In mijn stem bevindt zich een steen.
Het mes is hopeloos verdwaald
In een echo van geweerschoten.

Onderzoek naar tederheid
Zal niet aan vragen raken,
Maar aan kaken en klauwen
Die als schaduwen van ons bewustzijn
De oevers bewonen.

FOR YANG LIAN (1)

This is the house of the crocodile.
The little boats capsize here,
The tongues parch here.
The trees direct the sun
Past deadly shores.

In my chest there is a fly.
In my voice there is a stone.
The knife is hopelessly lost
In an echo of gunfire.

Research into tenderness
Will not strike upon questions,
But on jaws and claws
That, like shadows of our conscience,
Inhabit the shores.

BIJ *LA CAMERA DA LETTO*

Genoeg had ik
Van poëzie als compromis,
Winkelbezoek of duistere mythe.

Ik nam een taxi
Naar het waterloopkundig laboratorium
En bekeek de proefopstelling.

'Hebt u nog gedacht
Aan de heer Attilio Bertolucci?'
Vroeg ik de ingenieur.

'En aan het feit
Dat zijn familie ooit verhuisde
Van de kuststreek naar het binnenland?'

Ik zag dat de proefopstelling
Was voorzien van enkele poppetjes
Met gezichten naar het westen.

'Zijn familie ging immers precies
De andere kant op dan hier het geval is,'
Zei ik zo aardig mogelijk.

De ingenieur begon
Te overleggen met de fotograaf
Die de poppetjes had neergezet.

Ze glimlachten allebei
Terwijl ze naar de proefopstelling keken.
Het water stond stil.

'Wij vragen ons af,' zei de ingenieur,
'Wat het effect is van het omkeren
Van die poppetjes.

Los daarvan: voor ons
Is het eenvoudigweg logischer wanneer ze
Met de stroming mee kijken.'

AT *LA CAMERA DA LETTO*

I'd had enough
Of poetry as compromise,
Dark myth or shopping trip.

I took a cab
To the hydrodynamic laboratory
And looked at the test arrangement.

'Have you given more thought
To Mister Attilio Bertolucci?'
I asked the engineer.

'And to the fact
That his family once moved
From the coastal area to the country?'

I saw the test arrangement
Included some figurines
With faces pointing west.

'His family of course went precisely
The opposite direction to the situation here,'
I said as kindly as I could.

The engineer began
To confer with the photographer
Who had placed the figurines.

They both smiled
While they looked at the test arrangement.
The water was still.

'We were wondering,' said the engineer,
'What the effect would be of turning
The figurines round.

And besides: to us
It is simply more logical when they
Look downstream.'

Hij bukte zich en draaide aan twee kranen.
De fotograaf zei: 'Ik maak een beetje storm.
Die dingen daar zijn trouwens de peilnaalden.'

Maar mij viel een gelaagdheid op.
'Hoe krijgt u dat voor elkaar?' vroeg ik,
Met een knik aangevend waar ik op doelde.

'Heeft het te maken
Met de pompen en de kleppen?
Of met dat spul daar op de bodem?'

De ingenieur schudde zijn hoofd.
'Dat spul noemen wij hier sediment.'
Het was inmiddels stevig aan het waaien.

'Nee,' ging de ingenieur verder,
'Ik zal u uit de droom helpen.
U begrijpt die gelaagdheid verkeerd.

Pompen, kleppen, afsluiters,
Niveau, diepte, snelheid, debiet,
Daar moet u niet zoeken.

Het zit zo: zout water is
Zwaarder dan zoet water,
Maximaal 1021 en maximaal 1004.

Die twee mengen slecht.
Resultaat: het zoute water
Stroomt onder het zoete water door.'

'Dat is alles?' vroeg ik opgelucht.
'Dat is alles,' zei de ingenieur,
'Eén der grootheden in het model.'

Alsof hij een volgende vraag voorvoelde,
Mompelde de fotograaf: 'Grind,
Stenen, zand, perspex, cement...'

He bent over and turned a couple of taps.
The photographer said: 'I'll make a little storm.
Those things over there are the gauge points.'

Yet I noticed some stratification.
'How do you manage that?' I asked,
Nodding in the direction I meant.

'Is it something to do
With the pumps and valves?
Or with that stuff at the bottom?'

The engineer shook his head.
'That stuff is what we call sediment.'
There was by now a strong wind blowing.

'No,' the engineer went on,
'I will help you see things clearly.
You misunderstand the stratification.

Pumps, valves, seals,
Level, depth, speed, flow,
That's not where to look.

It's like this: salt water
Is heavier than fresh water,
To a maximum of 1021 and 1004 respectively.

Those two don't mix well.
Result: the salt water
Runs under the fresh water.'

'And that's all?' I asked, relieved.
'That is all,' the engineer said,
'Just one of the maxims of the model.'

As if he felt the next question coming,
The photographer mumbled: 'Gravel,
Stones, sand, perspex, cement...'

Ik dacht even aan de golvende bladzijden
Van Attilio Bertolucci, die als uren waren,
Als maanden en jaren en gebeurtenissen.

Soms ging er iemand dood.
Soms werd er iemand geboren.
Bronnen van de poëzie.

'Dit model,' zei de ingenieur met nadruk,
'Zal uitwijzen hoe u het beste kunt maken
Wat u wenst te maken.

En vergeet die poppetjes!'
Zijn lach bulderde door de ruimte.
'Denk liever aan het Froude-getal!'

'Froude-getal?' vroeg ik.
De fotograaf schreef iets op een papiertje,
Gaf het me en zei: 'Froude-getal.'

'Kijk,' zei de ingenieur,
'Wij simuleren hier op schaal,
Dat moet u zijn opgevallen.

Nu is het leuke dat alles
Kan worden verschaald, behalve water.
Water kun je niet verkleinen.'

Ik keek hem glazig aan.
'We doen nog wat metingen,' zei hij,
'En sturen u onze rapportage.

En als u nog vragen hebt...'
Buiten mezelf van ontroering
Dankte ik de beide mannen.

Bij de deur
Keek ik een laatste keer
Naar de poëzie die ik zou maken,

Naar de moerassen en de bergen,
Naar het beïnvloeden van vloeibare beweging
Door de zwaartekracht.

I thought for a moment of the waving pages
Of Attilio Bertolucci, which were like hours,
Like months and years and occasions.

Sometimes people died.
Sometimes people were born.
Sources of poetry.

'This model,' the engineer emphatically said,
'Will reveal how best to make
What you wish to make.

And forget about those figurines!'
His laugh bellowed across the room.
'Consider the Froude-number instead!'

'Froude-number?' I asked.
The photographer scribbled something,
Handed the note to me and said: 'Froude-number.'

'Look,' the engineer said,
'We simulate to scale here,
You must have noticed.

The great thing is that everything
Can be made to scale, except water.
Water is something you can't scale down.'

I looked at him with glazed eyes.
'We'll take some more measurements,' he said,
'And send you the results.

And if you have further questions...'
Beside myself with emotion
I thanked both men.

At the door
I looked one last time
At the poetry I would make,

At the swamps and mountains,
At the fluid movement influenced
By gravity.

VOOR YANG LIAN (2)

Met mijn dode vader
Zou ik graag nog eens hartenjagen.
Om naar zijn ogen te kijken
En onmenselijk te lachen.

Zout water zou hij drinken,
Melancholieke liedjes zou hij zingen,
Schelpdieren zou hij eten,
Als antwoord op mijn vragen.

De verkleurde nagels van het roofdier
Dat ik graag in de ogen zou kijken,
Scheuren mijn buik open
Om iets binnen te laten.

Buiten adem voel ik
Dat de zee zich aan me voorstelt,
Formele woorden spreekt,
Mijn chemie overspoelt
En stilhoudt bij de dood
Aan de horizon, waar een vissersboot
Het licht van sterren weerkaatst.

FOR YANG LIAN (2)

With my dead father
I would love to play hearts again.
To look at his eyes
And smile inhumanly.

Salt water he would drink,
Melancholy songs he would sing,
Shellfish he would eat,
In answer to my questions.

The distainted nails of the predator
I would love to look in the eye,
Tear my belly open
To let something inside.

Out of breath I feel
The sea introduce itself to me,
Speak formal words,
Overflow my chemistry
And stop at death
On the horizon, where a fishing boat
Reflects the light of the stars.

RECEPT OM EEN GEUR TE MAKEN VOOR
NUNO JÚDICE

Bloem met de oude naam
Die verdeeld is in graden,
Bloem met de precieze naam
Die niemand kan onthouden,
Bloem met de duivelse naam
Die lijkt op een of ander iets,
Bloem met de gekerfde naam
Die van de regen drinkt,
Bloem met de donkere naam
Die schilfert in het centrum,
Bloem met de zachte naam
Die zomaar een straat optilt,
Bloem met de nieuwe naam
Die wacht op haar beurt,
Bloem met de explosieve naam
Die in de taal van het riool duikt,
Bloem met de directe naam
Die sterft voor een publiek,
Bloem met de ongeparfumeerde naam!

RECIPE FOR MAKING A SCENT FOR
NUNO JÚDICE

Flower with the old name
That is divided into degrees,
Flower with the precise name
That no one can remember,
Flower with the devilish name
That resembles a certain something,
Flower with the carved name
That drinks from the rain,
Flower with the dark name
That flakes at the centre,
Flower with the soft name
That just lifts up a street,
Flower with the new name
That waits for its turn,
Flower with the explosive name
That plunges into gutter language,
Flower with the straight name
That dies in front of an audience,
Flower with the unscented name!

Geveld door het hoofd van een ander,
Onopzettelijk geveld, zeg ik erbij,
Lag de scheve man in de buurt van de middenlijn.
De verzorger rende naar hem toe,
Boog zich over hem heen en vroeg:
'Hoe heet je?'

'William Carlos Williams, of misschien ook
Attila József, of Frédéric Pacéré Titinga, of Alberto Caeiro,'
Sprak de scheve helder,
'Ik ben er niet zeker van.
Kenneth Rexroth, Leung Ping-kwan,
Rafael Alberti, Homero Aridjis,
César Vallejo, Mzee Haji, Vasko Popa,
Jean-Joseph Rabéarivelo, ik weet het niet precies.'

Hij keek de verzorger vrolijk aan
En vervolgde:

'Of Nicanor Parra. Of Federico García Lorca.
Maar ik zou ook Jacques Roubaud kunnen heten,
Francis Ponge, Kenneth Patchen, Enrique Lihn,
Kenneth Koch, Lawrence Raab, Carlos Drummond de Andrade,
Of Zhang Er. Of Medbh McGuckian. Of Nahabed Kouchag.'

De aanvoerder van Marathon,
Een kerel van een meter of twee,
Was inmiddels naast me komen staan
En vroeg iets dat ik niet verstond.
De verzorger begon de scheve
Met de magische spons te bewerken.
Uit mijn ooghoeken zag ik
Dat de keeper van de thuisploeg
Op een reclamebord leunde en een sigaret rookte.

Ik weet niet of de scheve
Baat had bij de spons.
De verzorger vroeg hem:
'Welke kant spelen we op?'

A REFEREE'S REPORT – INTRODUCTION

Brought down by someone else's head,
Unintentionally levelled, I must add,
The crooked man lay near the centre-line.
The first-aider came running,
Leant over him and asked:
'What's your name?'

'William Carlos Williams, or maybe also
Attila Jósef, or Frédéric Pacéré Titinga, or Alberto Caeiro,'
Mr. Crooked spoke clearly,
'I'm not really sure.
Kenneth Rexroth, Leung Ping-kwan,
Rafael Alberti, Homero Aridjis,
César Vallejo, Mzee Haji, Attilio Bertolucci, Vasko Popa,
Jean-Joseph Rabéarivelo, I don't rightly know.'

He looked at the first-aider cheerfully
And continued:

'Or Nicanor Parra. Or Federico García Lorca.
But my name could also be Jacques Roubaud,
Francis Ponge, Kenneth Patchen, Enrique Lihn,
Kenneth Koch, Lawrence Raab, Carlos Drummond de Andrade,
Or Zhang Er. Or Medbh McGuckian. Or Nahabed Kouchag.'

The captain of Marathon,
A bloke about six foot five,
Had meanwhile come to stand beside me
And asked something I could not hear.
The first-aider began to treat Mr. Crooked
With the magic sponge.
From the corner of my eye I saw
The home team's goalie
Leaning against a billboard smoking a cigarette.

I don't know if the sponge
Was doing Mr. Crooked any good.
The first-aider asked him:
'Which half are we playing at?'

De scheve sloot zijn ogen
En gaf antwoord op een vraag
Die hij zichzelf moet hebben gesteld:
'Die wedstrijd in Valodara
Werd op het nippertje door India gewonnen.
Zuid-Afrika maakte 282 waarvan Jaques Kallis
Er 80 voor zijn rekening nam.
Maar Ganguly, Tendulkar, Dravid, Azharuddin,
Jadeja, Singh en Joshi maakten 283!
Met nog één bal te gaan!'

De verzorger fronste zijn wenkbrauwen
En ging door met sponzen.

'Voor Zuid-Afrika namen Strydom,
Kallis, Pollock en Boje de wickets,
Voor India Joshi, Kumble en Srinath.
Schitterend was ook die test in Port-of-Spain.
De West Indies, de Windies in jargon,
Kwamen tegen Zimbabwe tussen de regenbuien door
Niet verder dan 187 en 147, Zimbabwe scoorde eerst 236,
Kon winnen met een schamele 99,
Maar werd voor 63 aan flarden gegooid
Door Ambrose, Walsh, King en Rose!'

Ik wist niet waarover de scheve sprak.
Ik wist niet of de verzorger het me kon zeggen.
'Vertel op, wat is je naam?' vroeg ik de scheve streng,
Want ik begreep dat deze situatie
Niet kon blijven voortduren.

'Brian Lara,' zei de scheve.
Ik noteerde: Brian Lara.
'Of Saeed Anwar,' zei de scheve.
Ik noteerde: of Saeed Anwar.
En wenkte de grensrechters van beide ploegen.
'Of Ricky Ponting,' zei de scheve, 'of Inzamam.'

Mr. Crooked closed his eyes
And answered a question
He must have asked himself:
'That match at Valodara
Was won in the nick of time by India.
South Africa made 282 of which Jaques Kallis
Took 80 on his account.
But Ganguly, Tendulkar, Dravid, Azharuddin,
Jadeja, Singh and Joshi made 283!
With just one ball left!'

The first-aider frowned
And went on sponging.

'Playing for South Africa Strydom,
Kallis, Pollock and Boje took the wickets,
For India Joshi, Kumble and Srinath.
The test at Port-of Spain was also brilliant.
The Windies, playing against Zimbabwe between
                                        showers
Got no further than 187 and 147, Zimbabwe first scoring 236,
Able to win by a poor 99,
But was bowled to shreds for 63
By Ambrose, Walsh, King and Rose!'

I didn't know what Mr. Crooked was talking about.
I didn't know if the first-aider could tell me.
'Come on, what's your name?' I asked Mr. Crooked firmly,
Because I understood that this situation
Could not continue.

'Brian Lara,' Mr. Crooked said.
I jotted down: Brian Lara.
'Or Saeed Anwar,' Mr. Crooked said.
I jotted down: or Saeed Anwar.
And beckoned the linesmen of both teams.
'Or Ricky Ponting,' Mr. Crooked said, 'or Inzamam.'

'Hij heeft iets weg van een zeehond,'
Zei de aanvoerder van Marathon.
De verzorger gaf de scheve
Een paar tikken op de wang en riep vertwijfeld:
'Je weet toch wel hoe je heet?'

De stem van de scheve klonk onverminderd helder
Toen hij zich bewoog en nieuwe namen noemde,
Namen die ik niet opschreef.
'Hij kan gewoon verder,' zei de verzorger.
U zult begrijpen dat ik mijn grensrechters
Inlichtte alvorens het spel te laten hervatten
En tegelijkertijd spelers en toeschouwers taxeerde.
'Hij kan gewoon verder,' herhaalde de verzorger.
Ik weet nog dat ik afwezig knikte.

De scheve stond op en deed zijn ogen open.
'Buffalo, buffalo, AA Gent!' fluisterde hij, en nog eens:
'Buffalo, buffalo, AA Gent!'
Wat moest ik doen?
Ik kon hem bezwaarlijk uit het veld sturen.

De verzorger was op weg naar de zijlijn,
De grensrechters namen hun posities weer in.
De aanvoerders riepen hun mannen tot de orde.
Aan de motoriek van de scheve mankeerde niets.

Hij bleef naast me lopen
En leek zich niet voor een tegenstander te interesseren.
Ik hervatte met een scheidsrechtersbal,
Daarna volgde ik een diagonaal.

'Wat is de stand, meneer?' klonk het plotseling.
Ik antwoordde niet, de vraag leek me brutaal.
'Wat u zei over mijn vrouw en over mijn dochter,'
Zei de scheve met samengeknepen lippen,
'Dat moet u niet nog een keer zeggen.
Dan ruk ik uw hart eruit en trap ik
Uw longen naar voren.'

'In some ways he resembles a seal,'
The Marathon captain said.
The first-aider dealt Mr. Crooked
A few slaps on the cheek and spoke in despair:
'You must know your own name?'

The voice of Mr. Crooked sounded unabatedly clear
When he moved and mentioned new names,
Names I did not write down.
'He can carry on,' the first-aider said.
You will understand I informed my linesmen
Before letting the game resume
And at the same time assessed players and crowd.
'He can carry on,' the first-aider repeated.
I remember nodding absent-mindedly.

Mr. Crooked stood up and opened his eyes.
'Buffalo, buffalo, AA Ghent!' he whispered, and again:
'Buffalo, buffalo, AA Ghent!'
What could I do?
I could hardly send him off.

The first-aider was on his way to the sideline,
The linesmen took up their positions again.
The captains called their men to order.
There was nothing wrong with Mr. Crooked's physique.

He kept walking beside me
And seemed uninterested in an opponent.
I resumed play with a referee's kick,
Continuing on a diagonal.

'What's the score, mister?' it suddenly sounded.
I didn't answer, the question seemed insolent.
'What you said about my wife and about my daughter,'
Mr. Crooked said with pursed lips,
'You must never repeat again.
Otherwise I'll rip your heart out and kick
Your lungs forward.'

Ik voelde een drift in mij ontwaken
En beet de scheve toe:
'Ook ik weet niet precies hoe ik heet.'
Ik reken mezelf deze uitspraak aan,
Ik maakte een ernstige beoordelingsfout.

De scheve zocht zijn directe tegenstander op
En zei: 'Jij schenkt zeker thee in een jeugdhonk?'
De rechtsback bedacht zich geen tel
En haalde uit met zijn elleboog.
Ik legde de wedstrijd stil.

De scheve stond te tollen.

Maar zijn heldere stem was onaangetast.
'Scheidsrechter,' sprak hij, 'ik heet
Zoals ik zou willen.'

Geen irrationele woorden, dacht ik,
En ik vroeg: 'Welke kant speel je op?'
'Die kant,' zei hij, wijzend,
'De kant van de blauwgeverfde huizen
Waar Ceulemans en Blomdahl en Jaspers
Hun kunsten vertonen, en Zanetti en Sayginer,
Nelin, Sanchez, Merckx, Caudron, Stroobants...
De kant van de modder en de kwetterende vogels,
De kant van stijfbevroren rivieren vol vis,
De kant van de benoembare grassen.'

'De kant van muziek bij cowboyseries?'
Het is waar: dat vroeg ik.

'Niet alleen die kant,' zei de scheve,
'Maar ook de wiskunde die erachter ligt.'

Ik begreep dat hij de natuurkunde op het oog had,
Maar voor een schijnbeweging koos.

I felt a rage rise in me
And snapped at Mr. Crooked:
'I don't know exactly what my name is either.'
I blame myself for this remark,
I made a serious error of judgement.

Mr. Crooked went for his direct opponent
And said: 'I suppose you pour tea at a youth club?'
The right back didn't think for a moment
And lashed out with his elbow.
I stopped the game.

Mr. Crooked stood swaying.

Yet his clear voice was intact.
'Referee,' he spoke, 'I am called
What I like.'

No irrational words, I thought,
And I asked: 'Which half are we playing at?'
'That one,' he said, pointing,
'The side of the houses painted blue
Where Ceulemans and Blomdahl and Jaspers
Show their tricks, and Zanetti and Sayginer,
Nelin, Sanchez, Merckx, Caudron, Stroobants…
The side of the mud and the twittering birds,
The side of the rivers frozen stiff full of fish,
The side of the nameable grasses.'

'The side of soundtracks to cowboy serials?'
It's true, I actually asked.

'Not only that side,' Mr. Crooked said,
'But also the maths behind it all.'

I understood he meant the physics,
But chose a feint pass.

'De kant van Texas,' ging de scheve verder,
'En van Gona, Postduiven, Laakkwartier, Wippolder,
BEC, Delfia, Tonegido, Monster, Quintus, Quick,
De kant van de zee met haar zinloze tragedies,
De kant van de bergen met hun gewiekste ravijnen,
De kant van de hallucinerende keerkringen!'

Zeven of acht spelers
Wierpen elkaar de spons toe.
De verzorger bekeek de scheve.
Tegen de rechtsback zei ik:
'Ga jij je maar douchen.'
En naar de trainer van de thuisploeg
Gebaarde ik dat hij de scheve moest wisselen.

Ik deed dat met tegenzin.
Ik werd verscheurd door de betekenis
Van het ene en het vele, door de betekenis
Van het spel.

'The side of Texas,' Mr. Crooked went on,
'And of Gona, Postduiven, Laakkwartier, Wippolder,
BEC, Delfia, Tonegido, Monster, Quintus, Quick,
The side of the sea with its senseless tragedies,
The side of the mountains with their refined gorges,
The side of the hallucinatory tropics!'

Seven or eight players
Threw each other the sponge.
The first-aider looked at Mr. Crooked.
To the right back he said:
'You go have a shower.'
And to the trainer of the home team
I signalled for Mr. Crooked to be replaced.

I did it reluctantly.
I was torn by the meaning
Of the one and the many, by the meaning
Of the game.

LA LANTERNA

Is het wreed om te eten,
Te eten wat iemand verzint,
Die uit de bergen is gekomen
Om een rauwe bloem te ruilen?

Is het wreed om te drinken,
Te drinken wat iemand schenkt,
Die nooit in een hoek van de keuken
Droomt van waarheid en leugen?

Ik belde naar huis, vanochtend,
Omhelsde mijn vrouw, fluisterde
In het oor van mijn dochtertje:
'Veel plezier, lieve schat, veel plezier'

En voelde me trots
Als de stad om me heen
Toen een vogel in de verte
Mijn woorden herhaalde.

Is het wreed om te lachen,
Te lachen met Yang Lian om zelfmoord,
Grappen met geheime politie en winkels,
Mongoolse liedjes, krokodillen, eigendunk?

Vierhonderd straten liepen tot aan de zee.
Sommige begonnen bij een tafel,
Andere vertrokken van een stoel.
Vuilniswagens en scooters scheurden
Over zebrapaden, terwijl een zwarte lucht
Onze woorden herhaalde.

LA LANTERNA

Is it cruel to eat,
To eat what someone makes up,
Who has come from the mountains
To trade a raw flower?

Is it cruel to drink,
To drink what someone pours,
Who never in a kitchen corner
Dreams of truth and lies?

I called home, this morning,
Hugged my wife, whispered
In my daughter's ear:
"Have fun, my love, have fun"

And felt proud
Like the city around me
When a bird in the distance
Repeated my words.

Is it cruel to laugh,
To laugh with Yang Lian about suicide,
Jokes with secret policemen and shops,
Mongolian songs, crocodiles and self-conceit?

Four hundred streets ran up to the sea.
Some started at a table,
Others set off from a chair.
Dustcarts and scooters tore across
Zebra crossings, while a black sky
Repeated our words.

ARJEN DUINKER was born in Delft in 1956 and studied psychology and philosophy. He has had seven volumes of poetry published in Holland, all by Meulenhoff Publishers, and a selection of his poems was also published recently in a bilingual edition in Italy: *La pietra fiorisce* (Mobydick, Faenza). In 2001, his *De Geschiedenis van een opsomming* ('The History of an Enumeration') won the prestigious Jan Campert Prize for best collection. One of his poems was translated into 220 different languages for a project entitled 'World Poem'. He works, together with glassblower Bernard Heesen and graphic designer Désirée Achterkamp, on the encyclopaedic dictionary *The World of the Glassblower*. Together with prose writer and poet Kees 't Hart he founded the *Magazine with Changeable Name*. He also collaborates with the Chinese poet Yang Lian.

WILLEM GROENEWEGEN, bilingual translator and poet, was born in Eindhoven in 1971. He was raised in Surrey and studied English Language and Literature at the universities of Groningen and Salford. Other Dutch poets he has translated are K. Michel, Ilja Leonard Pfeijffer and Erik Menkveld.

JEFFREY WAINWRIGHT was born in Stoke-on-Trent in 1944, studied at the University of Leeds and, after many years of teaching in universities in the UK and overseas, is currently Professor in the Department of English at Manchester Metropolitan University and teaches in its Writing School. He has had three collections of poetry published by Carcanet Press, has translated plays by Péguy, Claudel, Corneille and Bernard-Marie Koltès for BBC Radio 3, and for eleven years until 1999, was northern theatre critic of *The Independent* contributing twenty or more reviews per year. Radio work has included reviews for *Kaleidoscope*, *Night Waves* and *On Air*.